折射集
prisma

照亮存在之遮蔽

**Alfred Sohn-Rethel**

**Geistige und Körperliche Arbeit:**
Zur Epistemologie der
abendländischen Geschichte

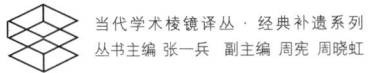

当代学术棱镜译丛·经典补遗系列
丛书主编 张一兵 副主编 周宪 周晓虹

# 脑力劳动与体力劳动：
## 西方历史的认识论

[德] 阿尔弗雷德·索恩-雷特尔 著 谢永康 侯振武 译

南京大学出版社

Alfred Sohn-Rethel

**Geistige und Körperliche Arbeit: Zur Epistemologie der abendländischen Geschichte**

Acta humaniora

VCH Wienheim

© 1989 by Akademie Verlag GmbH, Berlin

All rights reserved

江苏省版权局著作权合同登记 图字：10-2009-280号

**图书在版编目(CIP)数据**

  **脑力劳动与体力劳动：西方历史的认识论**／(德)索恩-雷特尔(Sohn-Rethel,A.)著；谢永康，侯振武译．— 南京：南京大学出版社，2015.3(2025.6重印)
  (当代学术棱镜译丛／张一兵主编)
  ISBN 978-7-305-14318-2

  Ⅰ.①脑… Ⅱ.①索… ②谢… ③侯… Ⅲ.①脑力劳动—研究②体力劳动—研究 Ⅳ.①F014.2

  中国版本图书馆CIP数据核字(2014)第271527号

| | | |
|---|---|---|
| 出版发行 | 南京大学出版社 | |
| 社　　址 | 南京市汉口路22号 | 邮　编　210093 |
| 丛 书 名 | 当代学术棱镜译丛 | |
| 书　　名 | 脑力劳动与体力劳动：西方历史的认识论 | |
| | NAOLI LAODONG YU TILI LAODONG: XIFANG LISHI DE RENSHILUN | |
| 著　　者 | [德]阿尔弗雷德·索恩-雷特尔 | |
| 译　　者 | 谢永康　侯振武 | |
| 审　　订 | 张一兵 | |
| 责任编辑 | 张　静 | |
| 照　　排 | 南京南琳图文制作有限公司 | |
| 印　　刷 | 江苏凤凰通达印刷有限公司 | |
| 开　　本 | 787 mm×1002 mm　1/16开　印张13.75　字数105千 | |
| 版　　次 | 2015年3月第1版　印　次　2025年6月第2次印刷 | |
| ISBN 978-7-305-14318-2 | | |
| 定　　价 | 52.00元 | |

网址：http://www.njupco.com
官方微博：http://weibo.com/njupco
官方微信号：njupress
销售咨询热线：(025)83594756

\* 版权所有，侵权必究

\* 凡购买南大版图书，如有印装质量问题，请与所购
 图书销售部门联系调换

# 《当代学术棱镜译丛》总序

自晚清曾文正创制造局,开译介西学著作风气以来,西学翻译蔚为大观。百多年前,梁启超奋力呼吁:"国家欲自强,以多译西书为本;学子欲自立,以多读西书为功。"时至今日,此种激进吁求已不再迫切,但他所言西学著述"今之所译,直九牛之一毛耳",却仍是事实。世纪之交,面对现代化的宏业,有选择地译介国外学术著作,更是学界和出版界不可推诿的任务。基于这一认识,我们隆重推出《当代学术棱镜译丛》,在林林总总的国外学术书中遴选有价值篇什翻译出版。

王国维直言:"中西二学,盛则俱盛,衰则俱衰,风气既开,互相推助。"所言极是!今日之中国已迥异于一个世纪以前,文化间交往日趋频繁,"风气既开"无须赘言,中外学术"互相推助"更是不争的事实。当今世界,知识更新愈加迅猛,文化交往愈加深广。全球化和本土化两极互动,构成了这个时代的文化动脉。一方面,经济的全球化加速了文化上的交往互动;另一方面,文化的民族自觉日益高涨。于是,学术的本土化迫在眉睫。虽说"学问之事,本无中西"(王国维语),但"我们"与"他者"的身份及其知识政治却不容回避。但学术的本土化绝非闭关自守,不但知己,亦要知彼。这套丛书的立意正在这里。

"棱镜"本是物理学上的术语,意指复合光透过"棱镜"便分解成光谱。丛书所以取名《当代学术棱镜译丛》,意在透过所选篇什,折射出国外知识界的历史面貌和当代进展,并反映出选编者的理解和匠心,进而实现"他山之石,可以攻玉"的目标。

本丛书所选书目大抵有两个中心:其一,选目集中在国外学术界新近的发展,尽力揭橥域外学术20世纪90年代以来的最新趋向和热点问题;其二,不忘拾遗补缺,将一些重要的尚未译成中文的国外学术著述囊括其内。

众人拾柴火焰高。译介学术是一项崇高而又艰苦的事业,我们真诚地希望更多有识之士参与这项事业,使之为中国的现代化和学术本土化作出贡献。

丛书编委会
2000年秋于南京大学

这个版本得以出版,我要感谢我的同事卡里姆·阿克马(Karim Akerma)和乌多·卡斯珀(Udo Casper),以及门兴格拉德巴赫市(Mönchengladbach)哲学基金和不莱梅大学的支持。

# 前　言

直到满90岁的那一天,我毕生的思想工作可以说就是对一个近乎直觉性的洞见进行澄清或解疑。这一洞见是我1921年在海德堡大学学习时获得的:发现了商品形式中的先验主体(Transzendentalsubjekt),发现了历史唯物主义的主导原理。为了最终获得对这一主导原理令人满意的解释,我不得不一再地进行"攻关",不断地重新构想所谓的草案(Exposés)。我将这些"攻关"划分为如下七步。

1921:假设——商品形式在自身中把握了先验主体(这一认识产生于对马克思《资本论》开头几章中的商品分析进行的长达一年半的逐字逐句的分析,而这一分析又是与1920年恩斯特·卡西尔在柏林主持的关于康德《未来形而上学导论》的研讨班结合进行的)。

1936:构思一种知识的社会学理论。这是一种总体阐述的最初尝试。"社会学的"这一术语(而不是"马克思主义的")是为了对付纳粹而使用的暗语。此为卢塞恩草案。

1937:对先天论(Apriorismus)的批判性清算。这是在巴黎时受特奥多·W. 阿多诺与瓦尔特·本雅明的影响而做出的。此为巴黎草案。

1950:脑力劳动与体力劳动(Intellectual and Manual Labour)。写于伯明翰,未发表。此为英文草案。

1961:商品形式与思维形式,从社会角度解释纯粹知性的起源(Ursprung)的尝试。发表于柏林洪堡大学的学报(前民主德国)上①。

---

① 这是作者在柏林大学历史学院做的一个演讲,后发表于《柏林洪堡大学学报》(社会与语言科学丛刊)。参见 *Wissenschaftliche Zeitschrift der Humboldt-Universität zu Berlin. Gesellschafts-und sprachwissenschaftliche Reihe*, Jg. 10(1961), Nr. 2/3, S. 163-176。——译者注

此为柏林草案。

1970：脑力劳动与体力劳动(Geistige und körperliche Arbeit)①。

1976：货币，先天性的真正的硬币。此为不莱梅草案。

1989：脑力劳动与体力劳动——西方历史的认识论。这是《脑力劳动与体力劳动》(1970)的修订和增补版。

当前的这一版本也还有很多问题没有解决。但是，我的这项研究已进行了 68 年有余，也许可以得出一个总结性的论断了：

对我们西方社会的功能性综合这一（被密封的）实情的破解，同时使得西方哲学的再概念化(Rekonzeptualisierung)成为可能。

阿多诺曾表达过一个伟大的命题：历史唯物主义是对起源的回忆。他使这个摧毁了柏拉图主义的洞见获得了柏拉图式的定义的雅致。阿多诺的精神，由此可证。

因而，当前的研究所涉及的是唯心主义认识论与唯物主义认识论之间的抉择问题。唯心主义认识论（例如在康德的论述中）是将自身作为诸发明(Erfindungen)之间的关联陈述出来，而唯物主义认识论则只能基于诸发现(Entdeckungen)之间的关联。

马克思并没有建立起关于科学知识的唯物主义观点，而是对在他那个时代占据统治地位的、由康德和黑格尔所建立的观点予以承认。马克思在《资本论》的开篇部分所做的商品分析对政治经济学进行了分析，但并没有探寻社会中的社会综合(gesellschaftliche Synthesis)的可能性，这一综合是以私人所有②原则为基础的。与之相对，我的研究恰

---

① 这是舒尔坎普版的《体力劳动与脑力劳动》，即 *Geistige und körperliche Arbeit. Zur Theorie gesellschaftlicher Synthesis*. Suhrkamp, Frankfurt am Main 1970.——译者注

② 本书关于 Eigentum, Besitz 以及 Aneignung 的翻译，一般情况下分别译为"所有"、"占有"与"居有"，但同时为了将静态结果与动态过程区分开并顾及中文语意，在表示三者结果时，分别译为"所有物"(表示制度时译为"所有制")、"占有物"和"居有物"。在引用《马克思恩格斯全集》中的相关译文时，上述三词保留原译文，并在与本译文不一致的情况下标出德文。——译者注

是致力于对这种社会联结（Nexus）的探索——由于这种主题的转换，政治-经济学的提问方式也就变成了社会学的提问方式。

不过我要强调的是，从经济学到社会学的转换，绝不是推动我当初走向对马克思的商品分析做改造的出发点。1958年在洪堡大学做关于"商品形式与思维形式"的报告时，我才意识到，在研究构成西方社会的强制关联（Zwangszusammenhang）的地方，马克思也没有遵循他最初的"关于费尔巴哈的提纲"。

唯心主义的知识理论，面对着不能阐明精神的综合能力这一丑闻，在这点上拥有其似是而非的真理，即单个主体的社会-综合的效力对于这些单个主体来说还是完全被遮蔽的：这一效力被唯心主义知识理论实体化为"先验主体"。相反，如果我们遵循着现实的社会实践的主导思想，应该能够建立一种唯物主义的知识理论，且它只能是一种历史性的知识理论。

**阿尔弗雷德·索恩-雷特尔于不莱梅**
**1989年8月**

# 目　录

1 / **第一部分　商品形式与思维形式——知识理论批判**

1 / **1.** 批判性联结：与黑格尔还是康德？

7 / **2.** 思维抽象还是现实抽象？

9 / **3.** 商品抽象

13 / **4.** 交换抽象的现象学描述

17 / **5.** 经济与知识

23 / **6.** 对交换抽象的分析

23 /　　A. 问题的提出

28 /　　B. 实践的唯我论

31 /　　C. 商品的可交换性形式

36 /　　D. 抽象的量

37 /　　E. 价值概念

41 /　　F. 实体与偶性

42 /　　G. 原子性

42 /　　H. 抽象运动

45 /　　I. 严格的因果性

46 /　　J. 现实抽象向思维抽象的转化

53 / **7.** 分析的结论


58 / **第二部分　社会综合与生产**

58 / **1.** 生产社会与居有社会

59 / **2.** 劳动中的手与脑

61 / **3.** 最初的生产剩余与剥削

63 / 4. 礼物交换与商品交换

66 / 5. 古典居有社会

72 / 6. 古代自然哲学的产生基础

74 /     A. 经过货币走向"希腊奇迹"的瓦解之路

77 /     B. 历史唯物主义是对起源的回忆

81 / 7. 从古典的重生到近代自然科学

95 / 8. 作为脑手分界线的数学

102/ 9. 结论

106/ 附录　功能社会化理论草案:致特奥多·W. 阿多诺的信

124/ 对先天论的批判性清算:一项唯物主义的研究

124/ 1. 研究的意图

128/ 2. 类比还是奠基性关联?

133/ 3. 理性知识产生的社会条件

135/ 4. 商品形式的分析

141/ 5. 商品交换与剥削

155/ 6. 作为物化起源的剥削

162/ 7. 货币与主体性

174/ **阿多诺与索恩-雷特尔谈话笔记**

179/ **德汉术语索引**

190/ **人名索引**

# 第一部分　商品形式与思维形式
## ——知识理论批判

### 1. 批判性联结：与黑格尔还是康德？

如果人们从资本主义的脑力劳动与体力劳动、二者的关系及其深刻区分的角度来考察从康德到黑格尔的哲学进程，那么这一思想发展过程将会呈现出一番新的景象，所强调的重点也会发生转移。由此，对哲学的评估，便摆脱了内在于概念之中的纠缠和哲学思想的专业性（Spezialistentum），进入时空的、历史的视野之中，并且对于其他手工劳动者来说，也就应当变得可以理解了。例如，康德关于"自在之物"的思辨就将变得明明白白——至少部分地是这样的。不过，如果像《纯粹理性批判》那样仅仅考虑理论理性的成果，如果只分析"纯粹数学"与"纯粹自然科学"中的脑力劳动的概念形式，只分析它们的界限和有效性特征的范围，总而言之，只分析其"单纯的可能性"及方法，那么有些东西，即手工劳动就被排除在外了。手工劳动创造了物，而理论理性只能考察物的"现象"，而且手工劳动具有另一种不同的实在性特征，这种特征绝不能归于知识客体。我们将在研究过程中表明：劳动自身，且仅仅是劳动自身，摆脱了商品生产社会的所有概念，并且"超越"了这些概念，因为这些概念统统都源自社会所形成（bilden）的居有关联（Aneignungszusammenhang）。无疑，康德的思考并未揭示这一实情，其主要努力的方向是证明脑力劳动的自我奠定的自律，也就是"有教养的"资产阶级在科学和所有方面的关切的自我奠定的自律。在康德那里，"自在之物"便散射出各种各样的意义；特别是在其伦理学中，道德个体确信，为了其自由之目的，他在自身之中承载着"自在之物"。

然而，相较于他的后继者们的追求而言，在康德的整个努力中自始至终残留的二元论，是对资本主义现实的更为真实的反映；这些后继者们通过将所有东西都纳入"精神的内在性"而摆脱了这种二元论。费希特曾将康德称为"四分之三的头脑"，因为康德自己没有从他的哲学出发得出完整的结论。无疑，当时发生了法国大革命，在这场革命中，资产阶级（Bürgertum）似乎完全占据了所有的实在性，没有残留下任何相反的实在性。人们也可以说，法国大革命之后，整个社会被资本吞噬了。但是，在黑格尔的时代，以及对于持有他的观点的人来说，这个方面还一点都看不出来。他是在过去所认为的那种意义上来理解革命的，他和他的朋友荷尔德林、谢林一起，将报纸所报道的每一个重大事件、每一则消息都作为哲学事件来阅读；在拿破仑进军耶拿时，他将之视为"世界精神"、"骑在马背上的"世界精神。这是"思想的统治"，但也飞离了历史的基地而登峰造极；这坚持了自由之实现的原本内涵，并对之做了体系化的理解，无论巴黎大街与地下室是否为此提供了栖身之所。仅仅将自由作为要求和理想来接受，对于黑格尔来说是不够的，而在康德看来它就是这样的，马克思将后者的哲学称为"法国大革命的哲学"，即处于大革命阶段的哲学。对于黑格尔来说，自由成为了现实性据以运动的法则。对于他来说，思维与存在已不再是相互对立的矛盾双方，它们已成为了一个东西，并且相应地，对于哲学反思的所有对立和二分来说，这一点也是适用的。这个统一是指以往所说的思维与存在、理想与现实、本质与现象、形式与质料等等的统一；它们的统一是它们已经预示了的，是它们的真理。辩证法便这样从逻辑学中产生出来。

诸规定实现自身,但在实现的过程中,实现的条件发生了变化,以至于每一规定为了实现自身而必须继续发展,为了使自身得以存在而必然成为它的他者。真理变成了产生出时间的过程,这一过程必然适用于那些始终处于时间之中并在时间中得以现实化的东西。这种思想的胎记,即它的资产阶级的阶级起源确凿无疑地表明,它只是思想,辩证法是单纯的逻辑学,实现(Erfüllung)无非是哲学,而现实化无非是在"精神的内在性"中的现实化。与思维相统一的存在,并不是物(Ding)在时空中的存在,不是实际历史(tatsächliche Geschichte)与历史事实(geschichtliche Tatsachen)的情况,而是这样一种存在(Sein),它是黑格尔在逻辑学奠基之处从"我是我"的系词中抽取出来的,因而它不过是思维自身的存在,即思维以思维的方式与之相混淆了的那种存在;并且,从唯物主义角度来说,这一存在就是实现了的资产阶级统治的自我反映。黑格尔哲学之所以是所有"只是用不同的方式解释世界"而没有"改变世界"的哲学中最为极端的,恰恰是因为它不过是把存在变化的形式(Form der Seinsveränderung)、辩证法本身浪费在了"理念"之上而已。为了与马克思相适应,辩证法实际上必须被"颠倒过来",或更为恰当地说,必须被彻彻底底地梳理。首先,它必须不再是逻辑学①。在围绕着改变现实而进行的阶级斗争中,人们无疑必须辩证地思考,并且为了学会这一点,人们可以向黑格尔学习,甚至可以按照列宁的建议,建立一个"黑格尔辩证法协会"。但是,在马克思主义中,人们并不是由于黑格尔逻辑学的缘故而必须拥有辩证法。马克思主义的辩证法是适用于社会存在(gesellschaftliche Sein)的,因为马克思主义的目标是使社会存在成为这样一种现实性,在其中,实在性(Realität)具有了意义,并且这个意义成为真实的;从而,人类社会从其"史前时代"走出来,在"史前时代",人类任由自然形成的必然性(naturwüchsiger Notwendigkeiten)摆

---

① 对于辩证法可以不是逻辑学这一洞见,加尔瓦诺·德拉·沃尔佩(Galvano della Volpe)的著作已经做出了富有价值的贡献。

布。在达成这一目标的过程中,人类历史的总体必须在一种方法论假设下来理解。在这一假设中,这一目标的可能性、其实现的真实可能性,已然被理解为根本上规定着、彻彻底底地统治着人类历史的自然规律,因而被理解为无所不在的、已为历史事件奠基的真理。这一方法论假设就是历史唯物主义(historischer Materialismus)。"历史唯物主义"这一表述意味着,人类历史是自然历史的一部分,即归根到底(in letzter Instanz)是彻底被物质必然性所统治的。这些物质必然性变为属人(menschlich)的,也就是说,在劳动开始的地方,自然以人类历史的形式(Form)得以持续。人类的自然基础与人类历史的"唯物主义"在于,人们并不是生活在极乐世界中,即不是无偿地实存着,但也不是像动物那样盲目地由自然来喂养,而是按照其劳动的尺度来生活,因而是凭借由他们自己进行的、自己开始并实施的生产来生活。"在生命的生产中",这是马克思用来解释其唯物主义历史观的主导原理的第一句话。人们也可以说,历史唯物主义的根本规律是价值规律。但是,价值规律只是在人类劳动产品超出单纯的生活必需并成为人与人之间的"价值"的地方才开始运行;并且这一点是界限的门槛,商品交换与剥削在此产生,从而,按照非唯物主义的说法,原罪开始了,或者用马克思主义的话说,人的"物化"(Verdinglichung)或"自我异化"开始了;他们败而未亡,惑而未盲,社会地造成的"经济"的自然因果性与一种自然形成性(Naturwüchsigkeit)的统治——在恰当的时刻,人们应当将它扬弃——得以运行,换言之,在阶级社会时代进程中,价值规律成为历史唯物主义的根本规律。那么,辩证法如何属于马克思主义的诸板块(Instanzen):历史唯物主义、价值规律、阶级社会、经济学、人类摆脱其史前时代的自我解放?按照这里提到的见解,不像黑格尔辩证法存在于其逻辑学中那样,辩证法并不存在于马克思主义的思维当中。然而辩证法也不是作为历史之事实性的一部分存在于历史之中的。如果某人是实证主义者,并且坚持将真理当作众多石头中的石头、众多事实中的事实那样来记录,那么他永远也不可能掌握辩证法。尽管如此,辩证法还是处在历史中的,但在其中,只有在历史唯物主义的方法论假设下来观察历史的人才能认识到辩证法。而且他之所以能够认识到辩证法,是因为辩证法,就像黑格尔已经提出的,是思维与存在的统一,是观念与实在的统一,并且因为这种统一,按照唯物主义的理解,从一开始就构成了人类历史的本质,所以即使那些至多只知道现象的人根本不会对这个本质有半点迷糊。

然而,谁是马克思的"引路人"? 黑格尔还是康德? 答案并不如通常所假定的那样简单。在整个为辩证法所浸淫的历史唯物主义观念中,充满着这样一种危险的诱惑,即由于自然的缘故而忽略知识问题。借助劳动,借助劳动的材料、力量、辅助手段、工具,自然似乎已经不断地作为既定的事实而被拉入人类历史之中,并被控制住。自然绝不是将它的物质原因性的影响作为常量施予历史,而是依据生产力的发展程度(Entwicklungsgrade der Produktivkräfte)施予历史,虽然在这一过程中偶尔会发生损失,但大体而言,各个时代都是前后相继的,而按照人类的意义,后果也总是能够在社会生产关系中以如此无进步的方式发挥影响。因而自然似乎作为一种被生产实践不断消耗的物质被包含于历史之中。相应地,通常在个别地提及此处所必需的自然知识与科学时,马克思总是将之作为看上去不言自明的东西来处理。由此,似乎没有给以康德的方式所提出的知识问题以任何机会。不过,这个问题的确是成立的。

当然,这一问题不是像在康德那里那样,作为"一般知识"或"经验的可能性"这种非历史性(unhistorische)问题在哲学基础之上提出。它是作为脑力劳动与体力劳动的区分所造成的特定历史现象而提出来的,这一区分是在商品生产过程中的阶级分化的基础上产生出来的;这一问题先是在古典时代继而又主要在欧洲的近代获得其完全的成熟形态。在这里,一个理论上的知识问题之所以被提出,是由于以下历史事实:自然知识的形式与手工生产实践相分离,独立于后者,并因而显然是来自手工劳动之外的其他源头。这可能是些什么源头,这一点绝非显而易见,除非人们共享传统知识理论对一种原始的、内在于人的"知性能力"的信仰。康德的问题恰好是针对这种现象本身的,至少是以现代欧洲的形式:纯粹数学何以可能?纯粹自然科学何以可能?先天综合判断何以可能?康德借以回答这些问题的理论,以其对伽利略的方法和牛顿物理学十多年的最为深入的分析为支持,并由自己的自然科学工作来加以充实和证明;并且就其实质部分而言,这理论是由他已经取得的发现通过简单的推论而形成的。"纯粹自然科学"是可能的,这一点毋庸置疑,因为它是事实;接下来则必须探究它是**如何**可能的。这是康德的论证方式,而且,如果历史唯物主义者要充分说明,比如,自然科学的脑力劳动与无产阶级的体力劳动的分离,与经济上对生产的资本统治(Kapitalherrschaft)之间是如何本质地、不可分离地关联起来的,那么他必须进行同样的论证。如果技术统治(technolosiche Herrschaft)是劳动者的事情的话,那么经济统治就不能是由资本来执行的。由此得知:康德表述中的知识问题是在由黑格尔归纳的历史唯物主义(Geschichtsmaterialismus)基础上提出的,不是所谓的康德还是黑格尔,而是在黑格尔框架中的康德。事实上,这里所涉及的既不是脑力劳动也不是体力劳动,而是脑力劳动在其与手工劳动的分离中的显现方式(Erscheinungsweisen),这是历史唯物主义的子问题。

这里需要强调的是,在当前,这一子问题对于我们的意义愈发重大。如今,谈论社会革命、资本主义向社会主义的转变甚至是一种共产主义社会秩序的可能性,但却不知道科学与科学技术如何适应历史、科学源自何方、它的概念形式(Begriffsform)的本性与起源是什么,因而不知道社会应当如何控制科学的发展而不是为科学所控制与制服的人,是会被指责为荒谬的。但是,在现存的知识理论中,科学和哲学的脑力劳动的概念形式根本没有被理解为历史现象。恰恰相反,自然科学思维方式的概念形式突出了内容的非历史性。在这些知识理论中,这种非历史性被作为既定的基础接受下来。一种历史的起源解释被宣布为不可能的,或者根本得不到考虑。无疑,在这些知识理论中,这个或那个时代的自然科学思想也不是被评价为一种脑力劳动的现象,而这种脑力劳动是与既定类型的体力劳动处于某种特定的社会分工关系(Trennungsverhältnis)之中的。这些思维尺度属于历史唯物主义,但至今,知识理论批判——这些尺度包含着产生知识理论的可能性——很少运用它们。这一点在本项研究中将得到改善,我们确信,一种关于脑力劳动与体力劳动的彻底的历史理论,将从根本上有助于补充和发展马克思主义的知识。

对此,人们应当如何着手,即问题的方法论,的确应当先行交代。但事实上,它总是在事后才进行,并且假定人们已经取得了可信的成果。在此之后,作为从属的方法论一般来说必须适用于什么,才变得显而易见。从一开始就向读者展示一种方法论,是对读者的耐心的滥用。这并不意味着不应该重视方法论。恰恰相反,应当十分重视方法论,以至于只有在获得研究的完全的知识之后才能恰当地对它做出判断。为此,在本书中,它作为附录被放到了研究的后面。当然,读者如果觉得合适的话,前后顺序可以随意颠倒。

## 2. 思维抽象还是现实抽象?

精神形式与社会形式有一点是共同的,即它们都是"形式"(Form)。马克思的思维方式的标志是一种形式的观点,这个观点将它与所有其他思维方式区分开来。它来自黑格尔,但只是为了即刻偏离黑格尔。对于马克思来说,形式在时间上是有条件的。它在时间中产生、消逝和变化。将形式与时间捆绑在一起来理解,是辩证思维的标志,这源自黑格尔。但是,如前文所述,在黑格尔那里,形式起源与形式变化的过程在根本上来说是思维的过程。这一过程构成了逻辑。在黑格尔那里,其他种类的形式变化(Formveränderungen),例如自然或历史中的形式变化,往往只有通过关涉逻辑学的联系并与之类比,才是可以理解的。黑格尔关于辩证法的见解产生了如下影响:辩证法不仅使精神优先于手工劳动,并且赋予其唯一的统治地位。

与之相反,马克思从一开始就将控制着形式的起源与变化的时间设想为历史的时间,自然历史的时间或人类历史的时间。① 因而,关于形式的任何东西都不可能被预先构成(voraus ausgemacht)。马克思主义拒斥任何类型的第一哲学(prima philosophia)。应当被说明的东西必须通过考察才能查明。如前所述,历史唯物主义只是一种方法论假设的名称而已,并且这一假设也是马克思自己"从他的研究中得出的"。

那么,在历史的意识形式的形成(Bildung)中,就不能对活动于其中的抽象过程视而不见。抽象相当于概念形成的车间,并且,如果对意识的社会的存在规定性(Seinsbestimmtheit)的谈论要具有形式上恰当的意义,那么就必须有关于抽象过程的本性的一种唯物主义观点能为此谈论奠定基础。一种源自社会存在(gesellschaftliche Sein)的意识形成是以一种作为社会存在之一部分的抽象过程(Abstraktionsprozeß)为条件的。只有这一事实才使得"人的社会存在决定其意识"这一表述所指的内容变得可以理解。但是,由于这样的观点,历史唯物主义者与一切传统的理论哲学不可调和地对立起来。对于整个理论思维传统来说,如下一点是确定的:抽象是思维本身的活动,是思维独享的特权。在思维抽象以外的意义上来谈论抽象,被视为不允许的,除非人们单纯在隐喻的意义上来使用这个词。但是,根据这样一种观点,历史唯物主义的假设将是行不通的。如果意识形成的操作,即抽象,只是意识自身的事情,那么,在意识形式与所谓的存在规定性之间就留下了一条鸿沟,历史唯物主义者原则上是否认这条鸿沟的,但是却不能具体地(in

---

① "我们仅仅知道一门唯一的科学,即历史科学。历史可以从两方面来考察,可以把它划分为自然史和人类史。但这两方面是不可分割的。"*Deutsche Ideologie*, Feuerbach(*Frühschriften*, hg. Von S. Landshut und J. P: Mayer, Bd. I, S. 10);参考《马克思恩格斯选集》,第 1 卷,人民出版社 1995 年版,第 66 页。——以此句开始的段落在马克思的手稿中被删除了,但作为马克思思想的表达却是有其价值的。

concreto)给出充分的说明来弥合它。

无疑要考虑到,理论的思维传统本身是脑力劳动与手工劳动分离的结果,并且从其开端,即自毕达哥拉斯、赫拉克利特和巴门尼德以来,脑力劳动的传统就是为脑力劳动者而存在的,至今仍没有多少改变。因此,这一传统的证明,尽管其以一以贯之的方式陈述出来,但对处于另一边的思维立场来说,并不具有无可置疑的有效性。并且我们认识到,《资本论》开篇以及1859年《政治经济学批判》手稿中马克思的商品分析,对于唯物主义思想具有独一无二的意义,因为在这里,马克思是在不同于思维抽象的意义上来谈论抽象的。

## 3. 商品抽象

马克思在对商品的形式分析中谈到了"商品抽象"与"价值抽象"。商品形式是抽象的,抽象性整个地笼罩在它的周围。首先,商品的交换价值自身是与商品的使用价值相对立的抽象价值。交换价值只能是量上的区别,并且,这里呈现出的量化,反过来又是与使用价值的数量规定(Mengenbestimmung)相对照的抽象本质。正如马克思所极为强调的,即使劳动是作为价值量的规定根据和"抽象人类劳动"的价值实体(Wertsubstanz),它本身也只是人类劳动而已。商品价值得以在其中明白地显现出来的形式,即货币,无论是铸币还是纸币,都是抽象的东西,并且准确说来,就这个特性而言,货币本身就是一个矛盾。在货币中,财富也变成了没有边界限定的抽象财富。作为这种财富占有者的人自身变成了抽象的人,他的个体性变成了私人所有者的抽象本质。最终,商品流通得以在其中形成网络(nexus rerum)的社会是一种纯粹抽象的关联(Zusammenhang),在这关联中,所有具体的东西都掌握在私人的手中。

但是,商品抽象的本质是,它不是由思想家创造出来的,它的起源不在人的思维之中,而在人的行动(Tun)之中。然而,这绝不是给予商品抽象概念以单纯隐喻的意义。它是极其严格的意义上的抽象。源自商品抽象的经济学价值概念,其特征被刻画为完全的无质性、纯粹量上的可区别性,被刻画为对市场上可能出现的各种商品和服务的适用性。实际上,因为这些特性,经济学的价值抽象表面上与量化的自然知识的基础性范畴之间有着惊人的相似,然而在这两个完全异质(heterolog)的层面之间,我们连最低限度的内在联系也看不出来。自然知识的概念是思维抽象,而经济学的价值概念是现实抽象(Realabstraktion)。后者虽然不过是存在于人的思维之中的,但是它却并不是源自思维的。它直接地是一种社会本性,其起源存在于人与人之间交往的时空领域之中。不是人,而是人的行为、人们之间的相互行为产生了这一抽象。"他们没有意识到这一点,但是他们这样做了。"①

为了恰当地理解马克思在《政治经济学批判》中所做的工作,就商品分析中所揭示出的商品抽象或价值抽象现象而言,必须将其上述特征判定为一种现实抽象。我们认为这是绝对必要的。另一方面,被这样理解的马克思对商品抽象的发现,与整个理论思维传统处于不可调和的矛盾之中,必须批判地解决这一矛盾。在此,这种批判性解决是这样一种操作,在其中,相互矛盾的两个命题不应当被假定为真实的命题,而是应当按照批判思维的尺度来澄清它们之中哪一个是真实的。从马克思方面来说,这样一种解决并未成功地得到贯彻,而且,我倾向于赞同路易·阿尔都塞以及尤尔根·哈贝马斯:在《资本论》的理论基础中表达出的问题,远比经济学应用中所表达出的要具有重大的深刻性。阿尔都塞认为,要把《资本论》当作对一个马克思暗示出来的

---

① 参考《马克思恩格斯全集》,第23卷,人民出版社1972年版,第90—91页。

但并未表达出来的问题的回答来阅读①。尤尔根·哈贝马斯则更进一步,并指责马克思忽视了其思维立场的知识理论内涵。我在以下这点上与哈贝马斯是一致的,即如果人们接受了并不断追踪着这些内涵,那么知识理论自身就将经历一种彻底的变革,即经受向社会理论的转变。② 只是我相信,如果人们根本不再谈及"知识理论",而是谈论脑力劳动与体力劳动的分工,那么就会更为有效地摆脱知识理论与唯心主义传统的陷阱。因为在这里,整个提问方式都是以其实践意义为基础的。

也就是说,如果人们没有批判地解决马克思那里的现实抽象与知识理论中的思维抽象之间的矛盾,那么这就意味着,人们满足于自然科学的思维形式与历史的社会过程之间的不相关性。人们停留在脑力劳动与手工劳动的分离上。但这意味着,人们总体上停留在社会阶级统治上,即便这统治采取的是社会主义的官僚统治形式。马克思对知识理论的忽视,造成了关于脑力劳动与手工劳动之间关系的理论的缺失,换言之,这是理论上忽视了一种无阶级的社会化的(马克思本人认为

---

① *Lire le Capital* von L. Althusser, Jacques Rancière, Pierre Macherey, Etienne Balibar und Roger Establet, 2 Bde., François Maspéro, Paris 1965, 1967.——如果阿尔都塞寻找的根本结构能够适当地被认识到其抽象的形式外观,即使它在这个层面上仅仅能够主动地执行其结构权力(Strukturgewalt),那么我是可以赞同他工作的意图的。但是,在他那里,马克思对"商品抽象"的讨论恰恰被理解为隐喻性的,而这些内容本来应当按照其字面意思来理解。譬如,阿尔都塞认为有必要强调,"认识发生过程……**完全发生在思维中**"(第1卷,第51页)(que la production de la connaissance. ... constitue un processus que se passé *tout entire dans la pensée*)。其所要寻找的结构所必构成的形式关联(Formzusammenhang)在这里反而被劈开了,被撕裂了。《资本论》及其在商品分析中的奠基,其包含的未被声明的总论题便是在这里被揭露出来的现实抽象。这种抽象的覆盖范围不仅仅是经济学的,的确,它更加直接地涉及传统哲学,远甚于政治经济学。只有认识到这一覆盖范围,才能把握到唯物主义的一般形式(Form)问题和结构问题,包括真理问题和规范问题在内。如果马克思的问题在这个范围内被提出来,那么他必定会认识到,他在《资本论》中的商品抽象观念要么是站不住脚的(即是一种对抽象的单纯隐喻和幻觉),要么就是不完整的。

② Jürgen Habermas, *Erkenntnis und Interesse*, Suhrkamp, Frankfurt a. M. 1968,尤其是第一部分,例如第58—59页,以及第三章"作为社会理论的认识论的观念"。参考哈贝马斯:《认识与兴趣》,学林出版社1999年版。

的)根本性前提①。援引问题在实践上的重要性并不会降低其理论价值。不仅是在一个马克思主义思想的统一观点中,而且是在一个马克思主义思想的统一的批判性观点中,这种价值通过无阶级社会的目标及其可能性和实现条件而得到说明。这与实践理性在康德那里相对于理论理性的优先性地位是相似的。甚至,这种相似性是如此深远,以至于一个无阶级社会的自由的可能性,要取决于我们的马克思主义思想的统一的批判性观点。

但是,与马克思一致的是,我们将脑力劳动与手工劳动的统一,或如他所说,它们之间区分的消失,添加到一个无阶级社会的前提条件中。在这个范围内我们可以说,如果对脑力劳动与手工劳动的区分及其产生的确切原因缺乏足够的洞见,那么我们就无法充分认识一个无阶级社会的现实可能性及其形式条件。这样的洞见必须承认下面这一预设:概念性的知识形式——它构成了包括希腊理论哲学在内的知识理论的特殊对象——形式上是出自于社会存在这一层面的,手工劳动也属于同一个层面。这里需要考察的问题是,情况是否真的如此。因而,这一考察在方法上必须坚持这样一条底线,脑力劳动与体力劳动的统一能够在一个未来社会中建立起来。

现在的任务是批判地证明商品抽象。这是在上面"批判地解决"名义下所说内容的另一种表述。首先要证明的是,知识理论家所承认的言语意义上的抽象在形式上的实情,其次是这种抽象的现实特征,以让知识理论的论证对之无法辩驳。因而,关于商品抽象的证明应当带有对传统理解的知识理论的令人信服的批判。这一传统理解的标准是,知识理论隐含了手工劳动与自然科学的脑力劳动之统一在形式上的不可能性。毫无疑问,关于这一统一的更为准确的概念,只能有待于对二者区分及其产生根据的研究的结果。

---

① 参阅《哥达纲领批判》和《德意志意识形态》("Kritik des Gothaer Programms" und "Deutsche Ideologie", *Frühschriften*, 1. c., S. 22)。

对商品抽象的批判性证明首先应该对这种抽象的现象做一番规定。

## 4. 交换抽象的现象学描述

严格来说,马克思的商品抽象概念涉及体现于商品中并决定着商品价值量的劳动。不同于创造使用价值的有用的、具体的劳动,创造价值的劳动被规定为"抽象的人类劳动"。劳动并非向来就是抽象的,将劳动变成"抽象人类劳动"的抽象也不是劳动自己的作为。劳动并不会使自身抽象化(abstraktifizieren)。抽象是外在于劳动的,并处于交换关系的特定的社会交往形式(gesellschaftliche Verkehrform)之中。当然,反过来说,交换关系也不会将自身抽象化,这与马克思的观点也是相合的。交换关系抽象了(abstrahieren)劳动,或如我们所说,它将劳动抽象化(abstraktifizieren)了。这一关系的结果就是商品价值。商品价值使进行着抽象的交换关系变成形式(Form),并使被抽象化了的劳动变成实体(Substanz)。在"**商品形式**"的这种抽象的关系规定性中,作为"价值实体"的劳动变成"**价值量**"的纯粹量上的规定根据。在《资本论》第 1 卷的商品分析中,价值量不是仅就价值形式的本质而言要研究的东西;商品的量上的交换关系,就像它在历史上实际"显现"的那样,很晚才在第 3 卷中得到解释。[为了恰当地理解马克思主要著作中内在的辩证法和体系,可参考罗斯多尔斯基(Rosdolsky)与赖歇尔特(Reichelt)的杰出研究。]但是,在准确的意义上说,交换的社会交往形式与劳动之间的本质关系是如何形成的,对此应该进行分析性和批判性的探讨,然而这会打断这里的思路并使之复杂化,因而我们把它们移到一个单独的附录中。我们在这里所从事的,不是总体关系(Gesamtverhältnis),而只是其一个方面,即应当归因于商品交换而非劳动的抽象力量。马克思说:"对于交换过程使之转化为货币的那个商品,交换过程给予它的,不是它的价值,而是它的特殊的价值形式。"①因此,我们将进一步谈及的是交换抽象,而不是商品抽象。如何首先将交换抽象作为纯粹的现象单独进行描述呢?

商品交换是抽象的,因为它不仅与商品使用不同,而且在时间上是与之分离的。交换行为与使用行为在时间上是相互排斥的。一旦商品出现在市场上,成为交换行为的对象,它就既不能被卖家也不能被顾客使用。只有在交易完成之后,即在商品过渡到购买者的私人领域之后,商品对于购买者来说才是可以使用和支配的。商品静静地摆放在市场上、商店中、橱窗里等地方,等待着一种独特的行为,即它们的交换。例如,一件标了价的商品,便假设了其在质量上的完全的不变性,并且这不仅仅是就人的方面而言的。即便是就自然的方面,也要承认,只要商品的价格保持不变,那么商品体就要屏住呼吸。其原因是,交换行为只改变了商品的社会状况,即改变了商品作为其占有者的所有物状况,并且,为了使这一社会性的改变有序进行,并能执行其本身的规则,商品必须排除所有与之相伴随的物理方面的改变;或者说,它能够被认为没有发生质料方面的改变。因此,交换在它所需要的时间之中是抽象的。而且,在这里,"抽象的"意味着排除了商品可能的使用的所有特征。这里,"使用"被理解为生产性使用,也被理解为消费性使用,其含义与马克思意义上的人与自然的物质变换的总体领域相同。"同商品体的可感觉的粗糙的对象性正好相反,在商品体的价值对象性中连一个自然物质原了也没有。"②在社会网络被化约为商品交换的地方,人们所有物质和精神生活的活动必然产生一个真空地带(Vakuum),他们与一个社会的关联(Zusammenhang zu einer Gesellschaft)便在其中弥漫开来。通过这样一种行为,商品交换纯粹就是社会化本身:这行为只拥有社会化的内容,并将这一内容与其他所有内容割裂开来。然而,所有这

---

① MEW 23, 105. 参考《马克思恩格斯全集》,第23卷,第108页。
② Ibid., 62. 参考《马克思恩格斯全集》,第23卷,第61页。

些只涉及交换行为和相互之间的占有让渡方式,并不涉及交换者的意识。

在进行交换行为时,商品的使用被这样从购买者的行为中排除出去,而这种使用绝不会被从他们的思想中驱赶出去。恰恰相反,顾客最热衷于研究在市场上用来交换的商品的使用及其有用性。这种兴趣也绝不局限于推测。顾客有权得到关于商品使用价值的保证。他们可以把商品拿过来瞧一瞧,或许摸一摸,试用或者试验一下,展示一下如何使用它们,并且这种展示出来的使用行为应与取得商品后的使用是一致的。尽管市场上商品的展示只充当顾客思想上的指导并服务于判断的形成,因而局限于单纯的认识价值,而且与使用实践本身截然区分,但二者在经验上是完全不能区分开的。使用实践被从市场的公共领域中排除出去,它只属于商品占有者的私人领域。在市场中,对于感兴趣的顾客来说,物的使用还是"单纯的表象"。随着市场本质的形成,想象从人的行动中分离出来,并逐渐地将自身个体化为人的私人意识。这一现象的起源恰恰不是来自"使用"的私人领域,而是来自市场的公共领域。

因而,并非交换者的意识是抽象的,只有交换者的行为才是抽象的。由于行为的抽象性以及与之伴随的意识的非抽象性都具有必然性,所以交换者不会察觉其行为的抽象性。他回避了他的意识。在这当中,人相对于他的交换行为抽象性的无意识性(Bewußtlosigkeit),既不是这种抽象性的根据,也不是它的条件。

关于交换抽象的这一单纯的现象学已经得出了这一点,即就形式的特征而言,这里所使用的"抽象的"一词的意义与知识理论的语言所使用的是一致的。我们将非经验的东西称为抽象的,而从交换行为中排除出去的使用,在附属于它的表象领域(Vorstellungsbereich)中,与使用的实践界限以内的经验概念是一致的。超出这一界限的东西,即商品的诸特性——它们对于商品的使用来说是不相干的,虽然回避了使用经验,但却不会因此而遮蔽交换行为。这在非-经验的意义上是抽象的,无论商品使用的界限在不同的商品生产的时代中延伸得多近或多远。此外,这里所谈论的,不是这两个领域——商品交换与知识理论——中的抽象的等同性,而只是类似性。在思想的这个阶段上,其他的东西不在考虑之列。

必须指出商品抽象,或者说交换抽象的另一个矛盾。交换行为力图完全撇开使用(以及被交换对象的经验特性),从而对物理的使用的实在性进行彻底的否定。虽然如此,但它本身还是一种**物理的**行为:它将被交换的商品从卖者的占有中带到了买者的占有中,并将报酬推到了相反的方向。我将这称作交换行为的物理性(Physikalität)。交换行为当然不同于运输,后者——它通常是那么沉重与烦琐——只关心将货物原封不动地送到接收者那里。

我们必定会赞成关于抽象的本质的一种新的观点。我将就起源上说的源始的形式下的纯粹抽象理解为社会存在的特性之一。它是功能社会之综合的不可分割的一部分,这一社会是西方历史所特有的。从资产阶级的立场出发,纯粹的、脱离了各种感官的知觉实在性的概念自身呈现为精神性的创造。实际上,在人的身体结构中,关于这样一些概念的形成,的确找不到能与这些形成物相应的线索。对黑格尔这个资产阶级哲学的最高峰来说,精神哲学起到为**绝对唯心主义**的立场奠基的作用。与之相反,从唯物主义的立场来看,纯粹的思想自身呈现为思想的社会化(Vergesellschaftung)。它应该归因于交换行为的社会现实抽象的影响。因而,我主张纯粹知性的社会起源的命题。从社会存在中,更确切地说,从交换行为的抽象物质性中演绎出纯粹的知性概念,能提高这一命题的可信度。这一演绎与康德那精细的"纯粹知性概念的先验演绎"①——黑格尔将之称为"真正的唯心主义"——相对。

交换抽象的现实特征同样是几乎无可置疑的。交换行为的抽象性

---

① "在诸范畴演绎的原则上,康德哲学是真正的唯心主义。"G. W. F. Hegel, *Differenz des Fichte' schen und Schelling' schen Systems der Philosophie*, Jena 1801, S. 1. 参考黑格尔:《费希特与谢林哲学体系的差别》,商务印书馆1994年版,第1页。

是一种原因性通过**行为**而产生的直接结果,它根本不会直接呈现给概念。在交换发生的时间和地点上,并不发生使用行为,这一事实所产生的结果就是这种抽象性。一般来说,为保障商品贸易的这一基本条件,规则,或者至少是市场构序(Marktordnungen)便起作用了。但它不是法律本身,不是禁令,所谓禁令是对抽象所引起的对基本条件的伤害施以惩罚。抽象是一个在时空中的进程;它是在参与者背后(hinter)发生的。使它如此难以察觉的,是其状况的否定特征,即它建立在某一事件的纯粹不在场(bloße Absentia)之中。在这里,"填充"空间与时间的,是在交换领域中使用的不发生(Nichtgeschehen von Gebrauch),是使用上的真空(Leere),以及贯穿交易所需要的空间和时间的枯燥性(Sterilität)。因此,每一个已发生的交换行为,并非单纯偶然地是抽象的,而是就本质而言是抽象的,因为如果不这样,如果离开抽象化的处境(Umstand),它就根本不可能发生。

## 5. 经济与知识

与交换行为不同,商品的"使用"既是在生产的意义上,也是在消费的意义上来理解的,而且是在充分发展的商品生产中,与马克思概括的人与自然的物质变换过程的总和相同的意义上来理解的。由于交换行为隐含着与使用的分离,更准确地说是与使用行为的分离,它就将市场假定为时间和空间上的真空,全无人类与自然的物质交换过程。在这一真空地带(Vakuum)中,商品交换自为地、抽象地贯彻了纯粹的社会化本身。我们的问题是:以商品交换为形式的社会化是如何可能的?这一问题也可以作为探寻脱离人与自然物质交换的社会化的可能性问题来提出。使商品交换具有社会化的功能,或者如我所说,具有社会-综合功能(gesellschaftlich-synthetische Funktion)的,是它的抽象性。由此,我们的起始问题也可以这样说:纯粹的社会化是如何可能的?——其所遵守的"纯粹性"标准,与康德那里奠定"纯粹自然科学"概念之基础的纯粹性是同一个纯粹性。因此,我们考察的起点隐含着这样一个论题,即存在着一个关乎内容的问题:纯粹社会化是如何可能的?它包含着在时空上来回答康德探寻纯粹自然科学之可能性条件的问题的关键。康德提出的这个具有唯心主义倾向的问题,转译为马克思主义的问题就是:源于手工劳动之外的其他源头的可靠的自然知识是如何可能的?采取了这种形式,这个提问方式的目标就指向体力劳动与脑力劳动之间的分离——这是资本主义生产方式的社会必要条件——的源头。关于这一提问方式(Fragestellung)的这些补充,应当使体系性的关联(systematischer Zusammenhang)变得明晰,凭借这一关联,这里着手进行的对商品抽象的扩展开来的形式分析,将服务于对知识理论做历史唯物主义批判这一目的——在对马克思的政治经济学批判的补充中。这将会进一步阐明。

在商品交换中,交换者的行为与意识、行动与思维都分散开来,并且分道扬镳。只有交换的行为是抽离于使用的,而行为者的意识则不然。借助交换行为的抽象性,一种严格形式的统一性便适用于所有的交换行为,无论其执行的内容是什么,无论其时间地点为何;凭借这统一性(Einheitlichkeit),交换行为从自身出发形成了一种关涉联系(Bezugszusammenhang),以至于每一交易都会对不熟悉的商品占有者方面的其他交易的完成产生无数的反作用。如此,一种隐身"在人们背后"的关联就造成了一种按照统一功能而自行规整的定在联系(Daseinszusammenhang),在这种联系中,生产以及消费也仍然按照商品规律运行。但是,这一点不是人们实现的,这些关联也不是他们造成的,而是他们的行为造成的;因为他们的这种行为将一个商品从众多商品中筛选出来,作为其抽象性的载体和"结晶"(Kristall),并充当这些商品"价值"的恒定的等价物。

> 劳动产品只是在它们的交换中,才取得一种社会等同的价值对象性,这种对象性是与它们的感觉上各不相同的使用

对象性相分离的。①

其他一切商品的社会的行动使一种特定的商品分离出来,通过这种商品来全面表现它们的价值。……由于这种社会过程,充当一般等价物就成为被分离出来的商品的特殊社会职能。这种商品就成为货币。②

对于交换过程使之转化为货币的那个商品,交换过程给予它的,不是它的价值,而是它的特殊的价值形式。③

需要商品本性中潜伏着的使用价值和价值的对立外部表现出来,这就要求商品价值有一个独立的形式,这个需要一直存在,直到由于商品分为商品和货币这种二重化而最终取得这个形式为止。④

货币结晶是交换过程的必然产物,在交换过程中,各种不同的劳动产品事实上彼此等同,从而事实上转化为商品。⑤

资产阶级社会的症结正是在于,对生产自始就不存在有意识的社会调节。合理的东西和自然必需的东西都只是作为盲目起作用的平均数而实现。⑥

这足够清楚地表明,资本主义基础上的经济的构建过程(Konstitutionsprozeß),是人类在商品交换中的行为的无意识的因果性(bewußtlose Kausalität)。

但是,说到过程的无意识性,当然并不是否认商品占有者的个体的意识。他们是,并且一直是游戏中的选手。"商品不能自己到市场去,

---

① *MEW* 23, 87. 参考《马克思恩格斯全集》,第23卷,第90页。
② Ibid., 101. 参考《马克思恩格斯全集》,第23卷,第104页。
③ Ibid., 105. 参考《马克思恩格斯全集》,第23卷,第108页。
④ Ibid., 102. 参考《马克思恩格斯全集》,第23卷,第105页。
⑤ Ibid., 101. 参考《马克思恩格斯全集》,第23卷,第105页。
⑥ Brief an Kugelmann vom 11. Juli 1868. (1968年7月11日). 参考《马克思致路德维希·库格曼的信》(1968年7月11日),载《马克思恩格斯全集》,第32卷,人民出版社1975年版,第542页。

不能自己去交换。因此,我们必须找寻它的监护人,商品所有者(Warenbesitzern)。"①在交换中,商品占有者全神贯注于交易的事情,以免错失任何东西。但是,他们所使用的概念是从何处获得的呢?他们不是从其最本己的意识财富中获得它们的;即使他们有这样一种意识财富,这对于处在商品社会的无序状态(Anarchie)中的他们来说,根本无助于满足基本的需要。他们根本不是由自身而知道在此必须如何行动,他们必须让商品说了算。他们必须注意商品的价格,价比三家,追踪商品价格的波动。只有意识到这样的商品语言,商品占有者才能成为理性的存在者,其行动有力,并能获得自己想要的东西。如果没有这样一种语言,人们将会在自己的商品社会中迷失,犹如置身于魔法森林之中。人的意识向商品的过渡,头脑又被商品意识武装起来,这种"人们之间的物的关系和物之间的社会关系"②,被马克思称为物化(Verdinglichung)。在这里,产品并不听命于它的生产者,而是相反,一旦产品作为产品以商品形式供人选购,那么生产者就要按照产品的命令来行动。商品形式是现实抽象,其自身的地位和起源,无非都处于交换之中,由此出发,它无论在广度还是深度上都贯穿了整个发达的商品生产,并延伸到劳动,也延伸到思维。

  思维不是直接地受到交换抽象的影响,而是只有思维面对交换抽象的效果完成了的格式塔(Resultate in fertiger Gestalt)时,也就是在事物的变化过程完成之后,才受到交换抽象的影响。从而,不带着其起源标记的抽象的不同特性自然就传递给了思维。"中介运动在它本身的结果中消失了,而且没有留下任何痕迹。"③对于我们来说,有必要在一个更为合适的地方进一步研究这是如何发生的。这里只需一般地标明,在发达的商品生产社会之中,人类行为的世界和思维的世界之间的功能性关联(Funktionszusammenhang)以及在本质上的分裂。这在

---

① MEW 23,99. 参考《马克思恩格斯全集》,第 23 卷,第 102 页。
② 参考《马克思恩格斯全集》,第 23 卷,第 90 页。
③ MEW 23,107. 参考《马克思恩格斯全集》,第 23 卷,第 111 页。

本书的第一版中被搁置了。

为了理解总体背景,还应该再增加一到两个具有本质意义的要点。对于资产阶级社会的经济来说,交换行为的抽象关联的根本性影响是:在交换行为中,完成了对花费在商品上并在商品中对象化了的"死的"劳动的计量。劳动作为价值量的规定根据或作为"价值实体",本身是抽象的,是"抽象的人类劳动",或者是具有直接的社会形式特征的劳动。一般而言,正是这种劳动的计量,才使得资产阶级社会"分散的成员"(membra disiecta)团结起来,构成一种经济结构(Ökonomie)。对于资产阶级社会的生产和再生产过程而言,在交换中起作用的现实抽象的极其重要的意义就在于此,因而这的确是"理解政治经济学的枢纽"①。"他们[人们]在交换中使他们的各种产品作为价值彼此相等,也就使他们的各种劳动作为人类劳动而彼此相等。他们没有意识到这一点,但是他们这样做了。"②这种劳动的等价或计量的结果是对交换关系的量的规定。

> 要有十分发达的商品生产,才能从经验本身得出科学的认识,理解到彼此独立进行的但作为自然形成的社会分工部分而互相全面依赖的私人劳动,不断地被化为它们的社会的比例尺度,这是因为在私人劳动产品的偶然的不断变动的交换关系中,生产这些产品的社会必要劳动时间作为起调节作用的自然规律强制地为自己开辟道路,就像房屋倒在人的头上时重力定律强制地为自己开辟道路一样。因此,价值量由劳动时间决定是一个隐藏在商品相对价值的表面运动后面的秘密。③

在商品生产中,只要劳动以相互独立运行的私人劳动的形式进行,

---

① *MEW* 23,56. 参考《马克思恩格斯全集》,第 23 卷,第 55 页。
② Ibid., 88. 参考《马克思恩格斯全集》,第 23 卷,第 90—91 页。
③ Ibid., 89. 参考《马克思恩格斯全集》,第 23 卷,第 92 页。

那么无意识的社会的功能（Funktionsfähigkeit）就取决于如何按照市场经济规律来计量对象化了的劳动。只有当生产出商品的劳动的这一基本形式被另一种不同的基本形式取代时，另一种不同的经济结构才登场，无论人们是否意识到这一点。在本书的第三部分中，我们将会追述这一点。

此外还有必要重视的是：在此，马克思是如何将商品**价值量**的规定作为一种纯粹功能的和盲目的原因性的结果来阐述的，以及如何证实**价值形式**的形成（Bildung）是时空之中的一种单纯功能的和无意识的现实过程。只有完成这两项工作之后，他才能满足一种唯物主义推论的要求。并且我要强调指出的是，我的推论是符合这个要求的。如果必须假定，在协商过程中，在占有的过渡中，交换的客体发生着物理变化，那么交换行为的抽象的形式规定性（Formbestimmtheit）就由于原因上的不可能性而不能完成交换协议了。只有当商品的社会状况，即它的占有问题，能够清楚明白地与它的物理状况以及对它的使用区分开来时，商品交换才能作为有规律的社会组织（Einrichtung）起作用，一次交易才能与另一次交易联系起来。这赋予交换行为以一种抽象的特征，这一点并不是区分的目的，不是区分在法律上的制度化；但它是区分的不可避免的后续结果，亦即只有当交易实际地实现出来，交易的执行成为事实之后才是如此。交换行为的执行使得抽象发生了作用，而交换者完全没有意识到这种效果。这种抽象总是可能在人的思维中存在某些痕迹，而如下这一点必须被认为是确定无疑的，即社会交换的现实抽象是这些痕迹的最初源头。

在接下来的形式分析中需要建立的是一些准则，按照这些准则就能决定，哪些在意识中活跃着的抽象要回溯到交换的现实抽象，哪些不是。由于在交换过程中，交换者方面的行动与思维相互脱离，所以对这种关联的直接的证实是不可能的。人们不知道，他们思维形式源自何方，甚至不知道他们究竟怎样就拥有了这些形式（Formen）。他们的思维被与其基础隔绝开来。但是，即便有着对思维抽象与现实抽象的一种形式上同一化,也不能确保对前者起源于后者做出一个清晰的解释。恰恰由于这里充满着行动与思维的二元性,这种形式上的同一性仅仅是直接地证实了这两个层面之间的一种平行性(Parallelität),这一平行性能指示出一种单纯的类比关系,也能指示出一种奠基性关联(Begründungszusammenhang)。要论证这种奠基性关联,就必须要能够表明,现实抽象是以何种方式过渡到思维之中的,它在思维中扮演着何种角色,以及它承担着何种社会的必要任务。

## 6. 对交换抽象的分析

### A. 问题的提出

交换抽象在其时空实在性(raumzeitliche Realität)中的意义与历史必然性在于,在商品生产社会中,交换抽象是社会化的载体。个人生活于其中的使用行为,无论是消费性的还是生产性的,一旦离开商品交换的中介,就不能在商品生产的分工关系中得到实现。每一次经济危机都告诉我们,交换的社会体系陷入停滞或者崩溃的范围和持续的程度,就是生产和使用受到阻碍的范围和持续的程度。我们有意避免探讨经济的关系,因为我们在这里不是要研究经济学。确保以下论断已经足够了:商品生产的社会的综合,要到商品交换中,更确切地来说要在交换抽象中去寻找。与之相应,我们要着手进行交换抽象的形式分析(Formanalyse),以回答这个问题:采取**商品交换形式的社会综合何以可能?**

提问的表述采取这样一种初级的、简单的形式,让人更多地想到的是康德,而后才是马克思。但是,它却相当具有马克思主义的性质。这里所隐含的比较,不是在康德与马克思之间,而是在康德与亚当·斯密之间,或者不如说是在知识理论(Erkenntnistheorie)与政治经济学之间——提及的这些人物都可以视为这些理论体系的奠基人。亚当·斯密 1776 年的《国富论》与康德 1781 年的《纯粹理性批判》(第 1 版)是领先于其他著作的两部著作;在这两部著作当中,两个概念上没有联系的领域中完全独立的体系实现了同一个目标:证明资产阶级社会合规范的(normgerechten)本性。

人类劳动的本性要求将劳动产品作为价值生产出来,基于这一假设,亚当·斯密论证出,社会所能采取的只有一个最好的方针,即给予每一商品占有者以对其私人所有物的不受限制的支配自由。这一点对于社会来说,无论是幸运,如亚当·斯密所证明的那样,还是不幸,如李嘉图所开始怀疑的那样,都是在社会自身的本质之中建立起来的合规范的道路。我们知道,马克思的商品分析正是要致力于拆除这个支撑整个政治经济学的假设,并由此出发揭开资产阶级社会的真实的内在辩证法。这是马克思主义的**政治经济学批判**的事情。

康德的著作没有做出这个假设,而是推导出这样一个结论:人类精神在其本性中要求其劳动与体力劳动相区分,独立于体力劳动来完成。当然,在康德那里,极少具名地谈论手工劳动与"劳动阶层",尽管他们的不可或缺的社会作用自然从来都是毫无疑问的。但是,这种作用恰恰并未延伸到精确的自然知识的可能性上。关于"纯粹数学"与"纯粹自然科学"的理论因为根本没有论及体力劳动而获胜。这种理论是在纯粹精神基础上的知识,并且这种理论需要解释的是:这个知识是如何可能的。休谟的经验主义观点对于康德来说是个麻烦事,因为在这种观点中,纯粹知性概念无可争辩的判断品质被动摇了,而且只有这一品质才能为知识的先天原理与后天原理(Prinzipen a posteriori)的区分做辩护,从而就是为筛选出我们的存在中不能从身体和感官的属性中派生出的部分做辩护;同时,这个部分借助理论的自然知识的可能性为精神人格的自律奠定了基础。按照这种自律,需要确保这样一种社会构序(gesellschaftliche Ordnung),一方面没有任何特权僭越于其外,另一方面则对这种"成熟"不做任何人为限制。"理性的公开运用"越是不受阻碍地提供给人们,它就越能更好地服务于社会必需之物,即道德、法权以及精神的进步。①这是唯一建立在我们精神能力自身的本性中的道路,因而是合规范的道路;在这条道路上,社会才能被赋予一种与这个本性相符的秩序。康德以及其他资产阶级启蒙哲学家所掩盖的是,这一秩序自身包含着针对劳动阶层的阶级分离。马克思之所以将康德哲学称为"法国大革命的哲学",很大程度上是因为这一假象。但是,在"有教养阶层"与"劳动阶层"之间的区分这样一个概念下,经济欠发达的德国的资产阶级社会是形成了的;这不同于西方关于资本和劳动的概念,在那里,政治经济学统治着资产阶级的思想。——此时此地,我们打算要完成的"知识理论批判"的主题在哪里呢?

精确的科学实际上是脑力劳动(Geistesarbeit)——这种劳动是在与生产场所中的手工劳动的彻底区分和独立中发生的——的任务,就此而言,康德知识理论的假设是完全正确的。我们早先已表明了这一点。脑力劳动与手工劳动的区分,特别是在涉及自然科学与技术时的区分,对于资产阶级的阶级统治以及生产工具的私人所有制来说有着类似的不可或缺的意义。在当今一些社会主义国家的发展中就能够看出这一真理:人们能够废除资本主义所有制,但却依然不能摆脱阶级对立。一方面是资本与劳动的阶级对立,另一方面是脑力劳动与手工劳动的区分,这二者之间存在着根深蒂固的关联。但是,这关联是一种纯粹原因性的和历史的关联。从概念上来说,它们是完全不同的,也就是说,无论就整体还是就局部而言,在它们之间没有任何可以从一方出发推到另一方的横向联系。因此,知识理论批判的进行也就必须完全在体系上独立于政治经济学批判。

一开始的问题当然也可以说得更为简单:借助商品交换的社会化是如何可能的?但是,"综合"这一术语的使用带来了三重优势。首先,

---

① 参看1784年的"答复这个问题:什么是启蒙运动?"(Beantwortung der Frage: Was ist aAufklärung?)。

便于谈论商品交换的社会-综合的功能。其次,"综合的社会"的表述以更为恰当的方式将商品生产与原始共产主义或一般初级共同体(primitiver Gemeinwesen)的朴素的秩序(naturwüchsige Ordnung)对照起来,正如人们将 Buna① 称为合成橡胶,而相对地,将树胶(Kautschuk)称为自然产品。实际上,在交换的社会化结果所依赖的商品的价值对象性中,的确"连一个自然物质原子"也没有。在此,社会化纯粹是人的事情(Menschlicher Faktur),是从人与自然的物质变换过程中脱离出来的,并且有更好的理由推测:最终,今天的整个综合性生产的可能性的历史先验(geschichtstranszendentale)条件就隐藏在这里。因而我所使用的"综合的社会"这一表述,在意义上与概念范围上不同于"社会的综合"。前者仅适用于商品社会,而后者则被用作人类存在方式的一般基本条件,而没有历史的限制。在这后者的意义上,"综合"这一表述获得了其第三个意义,即它是我针对康德将出自精神自发性的先天综合实体化而提问的论战芒刺,因而是对先验唯心主义以其人之道还治其人之身。

对于本研究的目的来说,综合的这三重意义没有一个是绝对必要的。不借用任何反-唯心主义的东西也能将这一点陈述出来,即从交换抽象中推导出纯粹知性。但是,论战式地涉及唯心主义也带来了优势,即借此使得马克思的方法在本质上的批判性特征得到了应有的强调。并且,相较于当今得到权威支持的马克思主义教条化来说,这具有不可小觑的优势。只有通过复兴马克思主义的批判本质,才能使马克思主义从僵化中解放出来;在这种僵化中,马克思主义被错误地标榜、滥用在不负责任的统治关系的合法化上。

作为一种比较尺度,我们同康德在本质上的一致为与康德的批判-论战式对立奠定了基础。我们在这一点上是同康德一致的:承载着量

---

① Buna 即丁纳橡胶,发明于二战期间的德国,由于合成用丁二烯作催化剂而得名。Buna 现在还是美国陶氏化学公司的一个注册商标,是一种合成橡胶的标志。——译者注

化的自然科学的知识原理不属于个人的身体和生理的能力。精确的自然科学属于这样一种生产资源，这种生产最终抛弃了前资本主义通行的个别生产的个体局限。在康德那里，源自后天原理的知识与源自先天原理的知识之间的二元组合，是和个体的感官内容的份额与直接的普遍内容的份额的组合相应的，前者的范围通常仅限于一双眼睛、一对耳朵等的"感受性"，而后者则是借助与数学相关联的概念而实现的。在实验方法的实践中，个体感官所完成的份额降低为从科学设计出的测量仪器上"读取"数据。感官证据只有对于每次在场的人来说才具有准确性，而对于所有其他人来说，它不过是可相信的（glaubwürdig）而已。在不能根本上排除它的地方，它被降低到最低限度，并且这一最低限度是操作人员残留在实验中的，因为正是它的人格形成了"主观的因素"，科学的客观性程度依照对这种因素的消除程度来排列。逻辑的必然性唯独内在于数学所表达出的假设，以及由这个假设推出的结论之中。对于我们来说，知识来源的这种双重性是无可争辩的事实。我们所要追问的，是假设的逻辑能力的历史和时空的起源，更确切地说，这种能力所根据的形式要素的起源。但无论是康德还是其他资产阶级思想家，要么没有能够在这一起源问题上取得成功，甚至都不能将之仅作为问题来坚持。《纯粹理性批判》第2版"导言"的开始几行触碰到了这个问题，但在接下来的过程中它便消失了。康德将成问题的概念形式与一个最终的基本原则——"统觉的本源的综合统一"——聚合在一起，但是他知道，对于这一原则自身来说，除了说它是凭借其独有的"先验自发性"而存在之外，没有其他的解释了。解释在有待解释之物的拜物教（Fetischismus）中消散了。从此以后，所有的坚持都适用于这一信念：不可能有"纯粹知性能力"的发生意义上的，亦即时空的起源解释。借助哲学思维传统的最神圣的禁忌之一，这个问题被禁闭起来了。尼采的嘲笑——康德问，"先天综合判断何以可能？"，并回答道："通过一种能力"——是完全有根据的。只不过，尼采自己不知道还有什么更好的回答。禁忌意味着，脑力劳动与手工劳动之间现存的区分并没有什么时空上的根据，按其本性而言它乃是永恒的，以至于资产阶级秩序会永远维护它的合规范性。

现在，我们提出的问题与康德的问题相对立：社会化是如何通过商品交换而可能的？这个问题是在整个知识理论的概念圈子之外的，因而任何一种现行的知识理论的前提都不会以任何方式牵涉这个问题。如果我们不考虑与康德说法相对照，那么我们就能选择一个同样好的提问方式：货币的抽象性源自何处？这两种提问方式都处于历史唯物主义思想的时空框架（Raumzeitlicher Rahmen）之中，并指向形式抽象性，经济领域中的形式抽象与"纯粹"知识原理中的形式抽象是同类型的（gleichartig）。以下这一点似乎是被排除了：如果以前者为基础的话，不能发现二者之间的真正的连接。

### B. 实践的唯我论

初看起来，这一点绝不是显而易见的：商品交换应当如何使个体间的社会综合成为可能？这些个体以私人的因而是分散的所有物的方式占有商品。商品交换的的确确就是以商品占有者之间这样的关系为根据的，这关系只按照他们的私人所有的原则来调节，再无其他。

> 物本身存在于人之外，因而是可以让渡的。为使让渡成为相互的让渡，人们只需默默地彼此当作被让渡的物的私有者（Privateigentümer），从而彼此当作独立的人相对立就行了。然而这种彼此当作外人看待的关系在原始共同体的成员

之间并不存在……①

这种彼此当作外人看待的关系的存在以商品交换为基础。在这基础上，所有的商品使用，无论是消费还是生产，都无一例外地在商品占有者的私人领域中发生。与此相反，从形式上看，社会化的贯彻只在商品占有者方面的交换中发生，从而是在这样的行为中发生，这种行为的进行不掺杂商品使用，并在时间上与商品使用明确地分离。因此，商品抽象及其所服务的社会综合的形式主义（Formalismus），必须是在交换关系的范围之内，在它的如此精确地划定的活动空间中才能找到。

商品交换包含在私人所有之中，与此相应的是，它作为遵循私人所有规则的交往形式，在每一个单独的事件中都从属于双方所有物领域的私人②对立的原则。这个原则是：我的——因而不是你的；你的——

---

① Das Kapital, MEW (Dietz, Bd. 23-25), I. Bd., S. 102. 参考《马克思恩格斯全集》，第23卷，第105—106页。——照此看来，与我们对交换抽象的唯物主义见解相矛盾的是，所有（与占有相反）的规范性概念似乎是交换抽象在观念上的先天之物。但事实上，前后关系恰恰是颠倒了的。所有的概念（Eigentumsbegriff）本身是交换抽象的结果。借助为交换而准备的对象来停止使用行为，这种强制是一个简单的经验事实：如果它被忽视，交换关系就终止了。但由于这种经验的内容是一种否定，由此便产生了一种使用禁令。这禁令覆盖了所有参与者，并获得了对其他所有领域有效的、同一类型的规范性一般特征，除非交换保持为一个孤立的单个事件。只有归摄于交换之下，所有规范（Eigentumsnormen）才能从占有事实（Besitzfakten）中产生出来。交换的这一后果是人与人之间的关系，这与交换的本性紧密相连。在交换开始的地方，即"在共同体的尽头，在它们与别的共同体或其成员接触的地方（MEW 23, 102. 参考《马克思恩格斯全集》，第23卷，第106页。）"以下变成必不可少的：他们不是像对自然那样相互对待，即不是相互残杀、相互劫掠，就像他们对动物所做的那样，而是相互交谈——通过言语或符号，即相互将对方承认为人。这还是一个事实问题，但却是一个规范由之产生的事实问题，因为它破坏了自然关系，并以不同群体之间的社会关系取而代之，这些群体本身已然成为了社会性的产物。〔这后一过程的进路见于乔治·汤普森《第一哲学家》（George Thomson, Die ersten Philosophen）一书第一章中所做出的令人信服的重构（Rekonstruktion）。〕马克思也表达了完全一致的见解，他说："这种具有契约形式的（不管这种契约是不是用法律固定下来的）法权关系，是一种反映着经济关系（即实际的占有关系——作者）的意志关系。这种法权关系或意志关系的内容是由这种经济关系本身决定的。（MEW 23, 99. 参考《马克思恩格斯全集》，第23卷，第102页。）"

② 这一表述是从私人-对抗式对立的逻辑形态中提取出来的。

因而不是我的；这个原则统治着关系的逻辑。当某个个别部分获得对交易而言的重大意义时，它就会被这一原则所掌握。这一原则也使得每一个订约人之间的关系变成交换的对象。他只对**他的**利益本身，而非其他的什么感兴趣，他对利益的表象就是对他自己的表象，处于这个游戏中的需要、感觉和思想在它们属于谁这一问题上分化为两极。这是有效的，而对于相互对立的交换伙伴来说，这些内容则变成了原子论的或者唯我论的、不可比较的现实。因此，所有存在者之中的任何一个自为的唯一者（solus ipse）都是唯我论，据此，还有占据了事实性的数据，都是他私人所有的①——唯我论是对商品交换的参与者相互之间所持的立场的精确描述。更准确地说，他们在商品交换中相互之间的事实上的举止，都是一种实践的唯我论（praktischer Solipsismus）②，无论他们关于自己以及自己的举止是如何想的。用国民经济学家的概念方式来说，商品占有者在交换中这样相遇了，就好像每个人都是一个在其私人所有的孤岛上的鲁滨逊，也就是说，他们所为之谈判的占有状态（Besitzstand）的改变，不会使他们的所有物领域发生改变。交互性（Reziprozität）所要求的是，每一个改变都要由另一个改变来抵消。交互性根本没有通过一条相反的原则来抵消所有物排他性

---

① "……意思是说所有我的资料（data，原文译为"与件"——译者注），就它们是事实而论，是只有我自己才知道的……"，Bertrand Russell, *Human Knowledge*, "Solipsism", S. 191, 1966. 参考罗素：《人类的知识》，商务印书馆1983年版，第212页。在这里，罗素称为数据（datum）的东西，在康德那里被称为"统觉"。

② 这种实践的唯我论不需要与自我利益恰好相重合。每个受他人之托或为了他人利益而行事的人，恰恰都必须遵守这同一个原则。如果他不这样做，那么他所活动于其中的关系就不再是一种商品交换，而会过渡为另一种不同的关系。我们这里讨论的原则，属于商品交换的交往形式，不属于参与其中的人们的心理学。毋宁说，交换的交往形式反过来铸就了其生活为交换所控制的人们的心理机制，人们认为这些机制是其与生俱来的人类本性。与这一事实情况相应的是，被统治者经常受统治者的委托或为了其利益而行动。但是，尽管他们实际上只是听从于交换关联的规律，他们还是主观认为是在为自我利益而行动。这里不能对晚期资本主义（Spätkapitalismus）的上层建筑结构做特别的探究。但是，借助交换抽象与思维抽象之间的奠基性关联来扩展赖希（W·Reich）、弗洛姆和马尔库塞等人的理论，以夯实其唯物主义基础，这对一种未来的唯物主义社会心理学来说，肯定是富有成效的。

(Eigentumsexklusion），相反却将它普遍化了。由于订约双方相互承认对方为私人所有者，所以在其中一个方向上发生的任何所有物排他性都得到另一方向上同样的排他性的回应。交互性的根据恰恰是主宰着所有者（Eigentümern）之间关系的私人所有的排他性，这个排他性由作为"交换"的交易完整保留下来。同意交换所表达的是，承认达成共识的占有改变不会损害彼此对立存在着的所有物领域。因此，商品交换被明确地表达为泾渭分明的所有物领域之间的一种社会交往形式。

尽可能简短地说，这就是对交换中商品占有者之间关系的描述。在如下的意义上我认为这个描述是适当的，即它没有陷入这一领域中那几乎无限的诡辩。人们也可能会采取这种诡辩，但我们不会以此来干扰读者。换言之，这一描述给出了交换中存在于商品占有者之间的关系的实情。因为这实情是时常围绕在我们周围的，所以只有为了能阐明这一实情，才需要烦琐的分析；这一点是按照这个逻辑得到说明的，即我们呼吸的空气的味道是我们感觉不到的。通常的商品流通越是运行在其习惯的轨道上，越是陷入激烈的利益斗争（Interessenkämpfe）中，哲学思考的位置就越少，以至于不可能当场意识到奠基性结构。只有在远离市场时，它的结构才变成抽象的反映，但它之后所经历的系统化，将会成为使得其历史性起源变得不可识别的原因。

### C. 商品的可交换性形式

为了给探寻通过商品交换的社会化的可能性的问题确立适当的基础，明确相互之间所有物的排他性和实践上的唯我论的诸条件——交换关系就处在这些条件之下——是必要的。在对商品抽象或交换抽象的分析中，第一步是最困难的，因为抽象渗透得比人们所能设想的还要深刻，比人们已经初步接受的还要深刻。必须提出这样一个问题：在围绕着商品而谈判的唯我论世界之间，到底商品何以是可交换的，它有什么特性，采取何种形式；也就是说，交换本身是如何可能的？立足在其私人的、相互对立的私人所有的孤岛上的鲁滨逊们是在哪里相遇的？

他们之间行为的交汇点(Kommunikationspunkt)是什么？

显然，它是造成双方都对同一个物品主张所有权并导致私人对抗的那个点。我的——因而不是你的；你的——因而不是我的。这个原则假定了一种统一，由于这种统一，"我的"和"你的"才相互剥离(privativ)开来。接下来就是要正确规定这种统一性，因为它显然是商品的可交换性形式(Austauschbarkeitsform)，是社会综合的第一基本条件，这种综合是通过商品占有者之间私人所有物的排他性的途径来进行的。

显而易见，商品的这个成问题的统一并不是指其物质上的不可分割性。无论交换的是一吨还是 50 公斤钢铁，对于事情的本质来说都没有什么区别。如果能用原子来交换的话，人们也许可以将物质还原为其不可再分的原子，而对于这其中的每一个原子来说，问题都将会以同样的方式提出来。而且，这也不能涉及商品的唯一性和不可替代性(Unvertretbarkeit)，因为绝大多数商品是大量产销品，并且考虑到一个样本能为其他产品提供担保。但是，现在可以用来交换的个别样品，必然总是能够用来交换的；并且它就具有了这种统一性，这种统一性使得它不能同时属于一个和另一个占有者，而只能作为分离的财产属于一个**或**另一个占有者。现在，如果人们要对这个在此逐渐显露出来的统一做出恰当的评价，那么就会发现，这种统一并非商品在其物体的本性、质料或属性上的统一。这种统一使得一个既定的商品不能同时是两个商品占有者的各自的所有物，而必须是在他们之间用来与另一商品进行"交换"。这种统一实际上是商品的定在的统一(Einheit ihres Daseins)，即每一件商品都有一个不可分割的、唯一的定在这一事实。这是每一个物品的定在的唯一性，这个物之所以不能同时分属不同的私人所有者，是因为私人居有具有这样的意义，即当事人使物成为自己独特定在的一部分①。这样，我们就得出结论：商品的可交换性形式是

---

① 实际上，在希腊语中，比如"ousia"这个词同时具有"定在"和"所有"的意义。

其定在的唯一性。

人们也可以从另一方面来考察这个问题。我们已经表明,作为交往形式的交换迫使交换者彼此相互对立地采取了实践上的唯我论。但是,虽然每当交换者为了交换他们的商品而相遇时,任何人都会因其私人的数据资料(或统觉)的世界而与其他人及其定在世界对立起来,然而在他们之间的现实世界本身纯粹地是一个世界。但是,这个交换者之间的世界,就其现实性而言,还原为什么呢?所有在世界中并可在物上被感知的东西,都被作为私人资料在他们之间以原子论的方式分割开了。因而,他们之间的世界,只有排除其属性才具有统一性。并且,不仅对物的统觉被用来在其占有者之间进行交换,就连物本身也是如此,而对这些物的统觉却将个别的东西留了下来。因而,商品按照其纯粹的定在本身在它的所有者之间运动,而构成其所有者的私人统觉的所有东西都被扣除了。单纯就其现实性而言,所有者之间的世界(他们参与其中)乃是一个世界,然而其参与的方式却导致他们在主观上对这个统一性的否认,并将交换的必要性作为客观事实的另一种强制来服从。交换本身导致了它的作为社会综合的交往形式的盲目性。交换的发生只凭借交换者在实践上的唯我论,唯我论使得交换者们不能洞察他们所造成的社会化。然而,是什么在交换者之间的唯我论对立中构成了世界的统一?它既不是世界在质料方面的不可分割性,或者是它由之构成的部分或者物的不可分割性,也不是单个样品就其本质而言的唯一性和不可替代性①。毋宁说,是每一个部分的定在的唯一性,才使得所有部分统一起来成为一个世界,其大小与人们为这个"世界"划定的范围也是一样的。从而就得出之前的结论:商品的可交换性形式是每一商品的定在的唯一性,更确切地说,是这种抽象的(in abstracto)

---

① 通过所有部分的相互依赖而做出的对世界统一性的规定,是一个理论概念,因而,在我们将"世界"仅作为定在之领域、行为之场、交换行为之场(Feld des Daseins und Ort von Handlungen, Tatort der Tauschhandlungen)来对待的地方,它是没有用武之地的。

定在唯一性,即"扣除"了实现对商品物的统觉的所有东西,扣除了陷入交换者之间在实践上的唯我论的所有东西。

　　依然有必要追问,是什么使得商品的可交换性形式的这一本性变成通过交换的社会化。社会化通过商品交换而赋予社会综合以统一性。当商品流通达到这样一个阶段,即它成为了决定性的网络,"商品分为商品和货币这种二重化"①必然会发生;这种二重化也有可能反过来导致商品交换很快就变成了社会化的一个决定性的媒介——这最初是发生在公元前 700 年前后的希腊奥比斯的伊奥尼亚地区。之后,货币成了商品可交换性形式的物性载体,作为等价形式(Äquivalentsform)或商品的可交换性形式而活动。这个形式的本质作为商品之定在的唯一性,导致了这样一个事实,即货币按其功能性本质来说是"一",换言之,只可能有一种货币②。当然,存在着各种各样的通货(Währungen),但只要这些通货中的每一种都在流通领域中执行着相同的货币职能,那么下述假设对它们就都是适用的,即它们必须是可以按一种清晰的汇率相互兑换的,因而能在一个而且是唯一一个普遍的货币体系中有效地交流。与此相应的是所有进行交流的交换社会之间的功能性统一。在地理上相互隔离的不同地方形成的交换流通(Tauschverkehr),在自由联系的建立过程中,早晚都必将汇聚成商品价值的一个盲目的但却不可分割、相互依赖的网络(Nexus)。所有通货的这种可导向一个货币体系的本质上可沟通的统一,也是通过商品交换的社会综合的统一,它所中介的是世界定在的统一本身;它是形式性和发生性的,因此我们说它是形式发生性的(formgenetisch)。世界

---

　　① 参考《马克思恩格斯全集》,第 23 卷,第 105 页。
　　② "因此,如果两种不同的商品,例如金和银,同时充当价值尺度,一切商品就会有两种不同的价格表现,即金价格和银价格;只要金和银的价值比例不变,例如总是1∶15,那么这两种价格就可以安然并存。但是,这种价值比例的任何变动,都会扰乱商品的金价格和银价格之间的比例,这就在事实上证明,价值尺度的二重化是同价值尺度的职能相矛盾的。(Ibid., I. Bd.; S, 111. 参考《马克思恩格斯全集》,第 23 卷,第 114 页。)"

的被抽象化了的统一,作为货币在人们之间流转,并使他们无意识地关联(Zusammenhang)成为**一个**社会。

为了确保我们迄今为止的分析,有必要重复一下:如果不考虑商品的物质属性,即扣除进入交换个体的统觉(Apperzeption)和实践上的唯我论的东西,可交换性形式是商品所独有的。因此,可交换性的抽象形式是人与人之间这种唯我论的活动的产物,或者说,是商品占有的私人特征的产物。抽象源自人与人之间的交往关系;它不是产生在单个领域中的,不是产生在一个自为的所有者的统觉领域中的。它是以一种完全脱离经验主义的方式产生的,这种经验主义坚持个体统觉的立场。然而不是个体而是个体的行为导致了他们的社会综合。行为导致一种社会化,在这个社会化发生之时,行为对它是一无所知的(nichts wissen)。商品交换是一种参与者在其中保持清醒的交往形式,是一种自然在其中停息下来的交往形式,因而是一种绝不掺杂人类之外的东西的交往形式,最终是一种被还原为单纯的形式主义的交往形式。这种形式主义具有"纯粹"抽象的特征,但却具有时空上的现实性。在货币中,这种形式主义获得了一种特别的、物性的格式塔(dingliche Gestalt)。货币是抽象物,是一个内在于自身的悖论,并且这样一种物在人们对其所是全无所知的情况下造成了社会-综合的结果。虽然如此,货币的意义只有人(而不是动物)才能理解。现在,我们有必要进一步描述这种形式主义①。

---

① "同商品体的可感觉的粗糙的对象性正好相反,在商品体的价值对象性中连一个自然物质原子也没有。"(Ibid., I. Bd., S. 62. 参考《马克思恩格斯全集》,第23卷,第61页。)此外:"中介运动在它本身的结果中消失了,而且没有留下任何痕迹。……货币的魔术就是由此而来的。人们在自己的社会生产过程中的单纯原子般的关系,从而,人们自己的生产关系的不受他们控制和不以他们有意识的个人活动为转移的物的形式,首先就是通过他们的劳动产品普遍采取商品形式这一点而表现出来。因此,货币拜物教的谜就是商品拜物教的谜,只不过变得明显了,耀眼了。"(Ibid., S. 107/108. 参考《马克思恩格斯全集》,第23卷,第111页。)

## D. 抽象的量

实际上，在这种形式主义（Formalismus）的产生中，有两个相互交错的抽象过程发挥着作用。第一个抽象过程是为整个商品抽象奠定基础的抽象，商品抽象在形式上与使用活动相分离，在时间上与使用活动分开。第二个抽象过程发生在以商品可交换形式的分类为形态（Gestalt）的交易中，并且是进行交换的个人之间相互对立的私人唯我论的结果。这第二个抽象附着于交换活动的执行之中。由此，可交换性形式的分类直接与交换等式（Tauschgleichung）连为一体。交换等式就是通过交换的执行而将成批的商品等同起来，这个等式是内在于交换之中的一个假设，就其特性而言乃是社会性的人与人之间的交往形式。被交换的成批商品，对进行交换的商品占有者来说不是主观上等价的，这种等价是在他们之间客观上被视为等价的。这个等值包含在双方对作为"交换"，即作为占有权改变（Besitzveränderung）的交易的承认之中，这种占有权改变并不损害各自的所有物状态。我谈及所有物状态而不是所有权（Eigentumsrecht），目的在于借此表明，关系的法律形式对于解释关系没有什么用。法律上的表述是以交换等式为前提的，而不是相反。

我们再重复一下，交换等式是作为社会交往形式的交换的关系假设。这个假设具有社会起源（gesellschaftliche Ursprung），并具有纯粹客观的社会有效性（gesellschaftliche Geltung）。商品不是相等的，而交换将它们设定为相等的。这个设定贯彻了一个进一步的抽象，这个抽象使得用于交换的商品数量（Warenmenge）化约为抽象的量本身。商品以一种特定的合使用（gebrauchsgemäßig）的规定性而被带进市场，即按重量、个数或者数量，按照体积或者等级，等等。交换等式消解了这些属于使用价值的、彼此不可比较的数量规定。交换等式以一种不知其名的、与任何一种质都不相关的量取代了这些已知其名的量，这种量根本就不再是量了。这种量本身或者抽象的量，就像它所从出的交换等式那样,是关系的本性,并且像交换等式那样,反过来**附着在交换的执行活动**上。如果交换的执行得不到实现,那是因为在诸宗商品之间起支配作用的是一个过多或过大了($>$),或者,一个过少或过小了($<$),而不是所需要的相等($=$)。正是关系本性(relationale Natur)的这种绝对的、与质完全"脱离"的量,为作为形式规定性的纯粹数学思维奠定了基础。据此,似乎就可以期待,纯粹数学思维以其自身特有的逻辑,在特定的发展阶段中历史性地浮现出来;在这一阶段中,商品交换成为社会的承载形式(tragende Form),成为一个以铸造货币的引入和推广为标志的时刻。毕达哥拉斯——在他那里,数学的思维方式首次以其独特的形式出现——极有可能已经像当今主流考古学家们所设想的那样,可能参与了克罗托(Kroton)①的铸币体系的引入。然而,交换抽象,或者说商品抽象的形式要素是如何进入意识的,还不是这里的问题,因为我们首先必须单独分析现实抽象本身。

### E. 价值概念

虽然商品是不同的,但交换设定它们是相等的。商品必然是不同的,因为一个东西不会用来为了获得一个相同的东西来进行交换。"上衣不会与上衣进行交换,一种使用价值不会与同一个使用价值进行交换。"②为了表达交换等式的假设并从根本上思考这一假设,就需要一个中介性的概念,借助这一概念,商品的相等与相异就能够并行不悖。这就是"价值"概念,通过这一概念,交换等式作为等同(Äquivalenz),就不被视为相等(Gleichung),而是等价(Gleichwertigkeit)。"价值"因此不是相等的根据,恰恰相反,内在于交换关系的,对于社会综合来说

---

① 即今天的 Crotone,意大利东南部克罗托省的首府,建于公元前 8 世纪,约公元前 530 年,毕达哥拉斯定居于此,并在此建立毕达哥拉斯学派。——译者注
② Ibid., S. 56. 参考《马克思恩格斯全集》,第 23 卷,第 55 页。

必然的交换等式的假设,乃是以价值概念为前提的①。这给价值概念一个假象:似乎它指明了一种包含于商品之中的纯粹量上的本质。但是,这个表面上的本质不过(无非)是一种从人的行动中生长出来的社会必要关系,在其中,人的社会关系被"物化"(verdingicht)了,即转移为他们的商品之间的关系。商品承载了一种社会本性,这本性与作为物(Dingen)的商品从来没有任何关系。由此,这就是附加在商品之上的"拜物教特征"(Fetischcharakter)。

虽然,对这一扩展了的形式分析与马克思商品分析的比较,我们将在附录里预留一个详细的论述,但在这里做一个简短的说明还是有必要的。这就是,我们不能判定商品的价值形式与劳动之间有什么内在联系。在此,我们绝不会与马克思相矛盾。价值形式通过商品价值的"对象性假象"(gegenständlicher Schein)来否认、遮蔽价值与劳动之间的数量关联。"价值没有在额上写明它是什么。"②交换抽象是细纱,假象由之织成,因为交换抽象只是由于这一点而产生的:在交换中不发生生产和消费。生产商品的劳动与消耗商品的活动是主要的物理变化,商品交换要想发生,那它必须与这些变化隔离开来。商品交换自身不过是相互之间的居有关系而已。存在于商品生产中的决定性的事实是,在商品生产的基础上,社会化并非源于劳动过程的社会性特征,也不是源于生产方式或多或少的集体性(Kollektivität)特征——就像在原始共产主义中那样,而是植根于一种被形式化和普遍化为交换流通的居有体系之中。最初的集体生产分裂的原因在于专业化的单独生产的分工体系。"只有独立的互不依赖的私人劳动的产品,才作为商品互相对立。③"当然,交换形式中的私人居有机制的最终结果,必定会导致

---

① "劳动产品只是在它们的交换中,才取得一种社会等同的价值对象性,这种对象性是与它们的感觉上各不相同的使用对象性相分离的。"(Ibid., S. 87. 参考《马克思恩格斯全集》,第23卷,第90页)

② 参考《马克思恩格斯全集》,第23卷,第91页。

③ Ibid., S. 57,类似的还有 S. 87. 参考《马克思恩格斯全集》,第23卷,第55页。

独立私人劳动之间产生或多或少适应社会需要的关联,借助这种关联,商品生产社会就能够生存下来。"而在社会劳动的联系体现为个人劳动产品的私人交换的社会制度下,这种劳动按比例分配所借以实现的形式,正是这些产品的交换价值。"①所有在商品生产社会中占据统治地位的支配个体行为的概念,都源自交换机制和对象性的假象,而一般无意识的社会将因此而可能。那么,正如这一机制无非是由(作为价值的)劳动产品的私人交换中的相互居有活动所构成的,这些概念也是由居有关系所造就的,这关系赋予这些概念以社会的意义。它们与社会的现实实体,即劳动——交换品(Auszutauschendes)因它才得以存在——的关系,总的来说只是一种间接的关系。只有对这些模糊的概念进行形式起源上的批判,才能阐明它们与劳动之间的关系。借助作为交换的交互性,居有才获得自我调节和自我校准的机制这个形式,这一机制使得它能够成为社会综合的载体;这与"直接的统治与从属关系"中单方面的、贡赋式的居有不同,这种关系在古代东方文明及封建主义中占据统治地位②。另一方面,交换并不产生它的客体(Objekte),而是以生产和劳动为前提。总体而言,被交换的并不会比生产出的更多。所有价格(居有的价格)的总和必须根本上与所有价值(劳动价值)的总和相等,并且,在这一整体的等式中,居有与生产之间的关系是一个原因性的、盲目起作用的经济必然性的事情。但是,商品的价值形式,亦即商品抽象,与生产商品所需之劳动并不处于内在的关联之中。这一关系标示出的不是关联,而是分离。换言之,商品抽象是交换抽象,不是劳动抽象。实际上,在资本主义商品生产中发生的劳动抽象,正如我们之后将要看到的那样(在本书的第三部分),处于生产过程之中,而不是交换过程之中。

---

① Marx in Brief an Kugelmann vom 11. Juli 1868. 参考《马克思恩格斯全集》,第 23 卷,第 541 页。(着重号为马克思所加)
② Vgl. *Das Kapital*, III. Bd., S. 798. 参考《马克思恩格斯全集》,第 25 卷(下),人民出版社 1974 年版,第 890 页。

主观价值学说的鲁滨逊经济学没有看到这个等同假设。在这个理论学科中,交换的社会方面,即其作为社会交往形式与社会综合载体的特性,被从概念上消除了。系统地说,这一消除是错误的。这一点表明,价值量化的主观价值学说——这种学说依靠价值的量化,即依靠为商品或"财富"(Güter)设定数值——不能给出任何解释说明;在这一理论中,量化只是走上了以逻辑的方式(logisch)进行欺骗的道路。但是,其方法论上的影响是创建了所谓的"纯粹经济学",这种经济学从自己的方面提供了创建一种在方法论上与经济学相分离的社会学说的诱因。这种共属一体的东西的分割——它大概是与垄断资本主义(Monopolkapitalismus)的开端同时发生的——导致了"纯粹经济学"和经验社会学这两个学科丧失了与历史过程的联系,因为历史过程是被经济与社会化之间的共属一体性所支配的。这并不排斥对单个现象的深刻分析。但是,在这一分离的基础上,是不能获得这样的范畴的,唯有通过这些范畴把握到,单个现象被关联为历史过程,或者说,单个现象借助历史过程而关联起来。自垄断资本主义开始以来,社会究竟发生了什么,这个问题既不能指望"纯粹经济学",也不能指望经验社会学给予说明;并且,这并不单纯由于大多数经济学家和社会学家缺乏这样一种说明的兴趣,其原因恰恰是这些学科方法论上的无能。

等同假设对于通过商品交换的社会综合所起的作用,是如此的明显,以致几乎不需要对之做明确的强调。在逻辑的交换背景中,交换等式服务于事件的偶然的、纯粹指派的事实性(Tatsächlichkeit)。商品被投入市场,被从其制造背景(Herstellungszusammenhängen)中拖拽出来,例如被掠夺行为从原始共同体那种由传统所支配的有序(Ordnungen)中拖拽出来。在市场上,它们与其他同样偶然出场的商品相遇。这样一种偶然性无需占据统治地位,但它却能够占据统治地位。它是否以及在何种程度上占据统治地位,取决于物质生产力的发展程度的最终结果。商品占有者对商品拥有自由支配权并相互承认对方,若以此为前提的话,交换等式的同源形式(homologe Form)便通过其完整的抽象性提供了一种"商品语言"的术语,如马克思所说,在市场本身的扩张中,这种语言使得作为单纯的商品所有者的人的全方位的定在关联(Daseinszusammenhang)成为可能,即便人们之间所有其他的秩序都被撕碎了——而实际上由于市场的扩张,这些必然会被撕碎。交换抽象的形式,也就是"价值形式"的逻辑在商品市场上建立起来的网络,拥有必不可少的功能主义(Funktionalismus)①,以便将市场的相互依赖的形式关联强加于商品实存的物质基础,也就是强加于商品的生产与消费。最终,这一秩序及其经济必然性特征的不可脱离的根源乃是物(Dinge)的定在统一性,这种统一性通过商品可交换性的结果,迫使人们在没有相互理解的情况下服从同一个世界的统一性。他们的定在只是一般地按照一个社会的法则来调节。

### F. 实体与偶性

我们已经表明,交换抽象的形式附着于交换的执行活动(Tauschvollzug)之上,并占据了其规则特征。现在,如何规定这种交换的执行,即商品的私人所有者之间的占有让渡(Besitzübertragung)活动?或者为了把另外一个问题放在前面,也可以说:如何规定占有让渡活动中的交换客体自身?它们不应当发生任何物理变化,因而具有了绝对的物质稳定性的规定。这虽然只是假设,或者说是虚构(Fiktion),但却是社会所必需的虚构。在占有让渡活动中,它们不是使用活动的客体;这不是作为简单的否定,而是作为被肯定地(affirmativ)设定了的否定。这就是说,它们作为交换客体,更确切地说,作为交换活动的对象,不是简单地仅仅不具有使用的质,毋宁说,它们是肯定地无质的。另一方面,它们之被交换,只是为了在交换活动结束之后能够被使用。因而,它们作为使用客体的质与它们明显地连接着,然而,它们却作为物质的,但却是无质的稳定性(in materieller, aber qualitätslose

---

① 商品语言深远影响,的确可以说是功能性的社会化。

Konstanz)而被交换。无质的、稳固的特性是现实性在市场中给予它们的,而它们的使用特性虽然属于可验证的现实性,但在这里却只属于一个想象出来的活动的对象。在商品的这种双重本性中,重新辨认出实体与偶性的关系并不困难。即便在一个确定的发展阶段中,所说的这两个规定通过"商品分为商品和货币这种二重化"①真实地对立起来,商品依然带有其双重本性;不过现在,其无质的、稳固的实体性(Substantialität)反映在了它们之外的货币的不可描述(nondeskriptiv)的物质性中。由于自然中不存在不可描述的物质,因而金、银、铜抑或是纸,必须承担起其代理的角色。

### G. 原子性

为了使不可描述的实体(Substanz)彻底地占据每一个可交换的物,占据和贯穿其整个空间和时间,货币材料必须能按照不同的价值量被分割成块,亦即必须是随意可分的——这似乎是矛盾的。一方面是货币材料的原子性,另一方面是每一商品物(Warending)——其作为实际上被交换的统一体——之中的货币材料的不可分性,二者呈现出了诸多矛盾中的一个矛盾;借助这些矛盾,货币的社会功能通过其形式规定性创造出了思维,即黑格尔所称的"形而上学的"思维。

### H. 抽象运动

运动所描述的是商品交换的执行活动,在这活动中实现了商品的已商定的占有让渡。在与商品的物理状态改变在时空上的明确区分中,执行活动本质上局限于商品占有关系的纯粹社会性变化。虽然这一区分不过是一个假设,但是其隐含的对运动的描述恰恰将这一假设确立为标准。相应地,这种描述是对抽象实体在时空[作为空虚的连续体(Kontinua)]中的纯粹运动的描述,由此,实体就不会遭受任何物质

---

① 参考《马克思恩格斯全集》,第23卷,第105页。

上的改变,并且与量的区别没有什么不同。由于占有让渡的执行是交换行为与使用行为在时空中的分离所服务的目标,因而整个交换抽象被概括为纯粹运动的这一抽象图式(Schema)。抽象的另一个先前已分析过的部分和阶段为这个图式奠定了基础。通过对每一使用行为的排除,时间与空间自身也变成抽象的了。正如商品在其作为"实体"的规定性中那样,时间与空间丧失了一个确定的地点得以与其他地点区别开来的所有痕迹,丧失了每一时刻得以与其他时刻区别开来的所有差异。它们变成了一般抽象时间和空间的非历史性的规定,也就是在历史上无时间(zeitlos)的规定。这个抽象化反映了运动进程本身。它使得一般的物质性进程所呈现的东西,使得还可以在时空中被规定的事件降到最低限度。所有其他的进程与事件,最终必须能够以这种或那种方式,作为"聚合在一起的"运动形式,回溯到这个纯粹的运动图式,并且所有的进程相应地将自己作为时空中的纯粹物质进程来衡量①。

商品以其可交换性形式和不可改变的量的规定性贯穿于占有让渡的整个过程。它们应当使其确定的价值量、它们的交换价值保持完整。这一条件赋予商品运动于其中的空间和时间以其独特的连续性和一致性。运动可能会变化,而且可能会遭遇中断,但是空间和时间必须保持其一致的、不中断的关联,因为如果不这样,对商品不变的价值量的控

---

① "运动是物质的存在方式。无论何时何地,都没有也不可能有没有运动的物质。宇宙空间中的运动,各个天体上较小的物体的机械运动,表现为热或者表现为电流或磁流的分子振动,化学的分解和化合,有机生命——宇宙中的每一个物质原子在每一瞬间都处在一种或另一种上述运动形式中,或者同时处在数种上述运动形式中。"(Friedrich Engels, *Anti-Dübring*, Dietz Verlag, Berlin, S. 70. 参考《马克思恩格斯选集》,第3卷,人民出版社1995年版,第399页。)

"主张物理世界仅是由运动着的物质构成的这种理论,是一般承认的声学、热学、光学、电学理论的基础。(Bertrand Russell, *A History of western Philosophy*, London 1946, S. 630. 参考罗素:《西方哲学史》,下册,商务印书馆1977年版,第135页。)"

值得注意的是,伽利略还将抽象运动视为与纯粹数学概念相等同的。纯粹概念与经验概念之间的整个传统区分失去了其基础,并且,当理论的自然知识及其方法向"纯粹理性"的源始自律的回溯失效时,便为另外一种区分创造了位置。在其位置上出现的,是隐含在(简言之)交换价值之中的抽象,与属于使用价值的概念方式和表象方式之间的区分。

制就会消失。另一方面,商品在其可交换性形式的抽象性中的定在同一性(Daseinsidentität),是一种原初的人与人之间关系的规定性,在这个规定性中,在运动的任何既定的时间和地点上,定在和处于关系中的商品的价值量都被固定在它们的当下,固定在它们的占有者相互之间的所有排他性之中,并在其中被把握和检验。考虑到商品的可交换性形式和价值规定性的这种社会关系特征,在交换执行中的商品的运动就瓦解为诸多不连续的因素,而另一方面,在同等程度上又满足了连续性(Kontinuität)的条件。这种矛盾性源于物性抽象(dingliche Abstraktionen)的社会起源,或者反过来说,源于社会关系的物化。这种矛盾性在古典时期的芝诺悖论中已有所表达,而在现代,它已经采取了通过微积分(Kalkulus)所进行的运动分析的形式。①

---

① 为了解释机械论哲学和自然科学而引入了16、17世纪商人资本的交易问题,这种思想以伯哈德·海森教授(Bernhard Hessen, "The social and economis roots of Newton's Principia", Amsterdam 1931, als Vortrag gedruckt),史蒂芬·F. 梅森(Stephen F. Mason, "Some historical roots of the scientific revolution", *Sceiences & Soc.*, vol. XIV, No. 3, Summer 1950, und *A history of the Sciences, main currents ...* , London 1953)以及其他一些人为代表。这些研究对其丰富材料的处理是如此有趣并具有解释力,它们大都没有达到其理论目的,因为它们没有注意到关联的飞跃点,也就是因为这里涉及**商品**的交易和生产,因此,对商品的形式分析构成了完成其所提出的解释任务的前提。实际上,为了能从交易问题中导出机械论思想的抽象,这种抽象通常已经被放入交易问题之中来解释了,但却不去说明,交易本身完全不负有解释有待解释的概念形式的责任,或者说,这些概念形式在古埃及和美索不达米亚就应该能够发生了,正如在德谟克利特或者牛顿的时代一样。此外,亨里克·格罗斯曼(Henryk Großmann)在他对弗朗西斯·博克瑙(Franz Borkenaus)的《封建的世界图景向资产阶级世界图景的过渡:手工业时代哲学史研究》(1934)(*bergang vom feudalen zum bürgerlichen Weltbild, Studien zur Geschichte der Philosophie der Manufakturperiode*)的具体而又吸引人的批评中,出现了一个关于问题性质(Natur des Problems)的错误认识。(H. Großmann, "Die gesellschaftlichen Grundlagen der mechanistischen Philosophie und die Manufaktur", Ztschr. f. Sozialforschung, IV, 2 [1935] S. 161 - 229.)在这里,机械论思想的概念应当是从工匠发明和制造新型机械装置的试验性实践活动中派生出来的。但实际上,格罗斯曼已经是按照机械论思想的逻辑来理解和说明这些装置了,总之解释对象是被预设了的,而非推导出来的。因此,论证无意间导致了一个奇特的观点,即是机器产生出了自然科学,而不是相反。这么说,并不妨碍我们承认,格罗斯曼的论述对于这里讨论的主题来说是最为有趣的、最富启发性的论述之一。

## I. 严格的因果性

交换抽象不是因果概念的来源,后者要回溯到更为古老的层面。但是,交换抽象看起来是原因与结果之间的等式的根源,这个等式标志着"严格的因果性"。按照我们的理解,严格的因果性是这样一种形式,在这个形式中,自然变化表现在客体上,而这些客体是在不变的假设之下用来在市场上进行交换的。与来自人类方面的变化相反,这一假设是可以由市场监察当局(marktpolizeilicher Autorität)强制执行的。自然变化所涉及的不过是一个虚构,这虚构没有将实在性(Realität)从变化中排除出去,但这个变化却服从于一个确定的概念形式。它是原因和结果之间精确的、可用数学表达的等式形式,以至于因果进程,如果被作为受特定限制的单个事件孤立起来,就要服从于这个否定变化的假设,无论在它的完成之前还是之后。相应地,对变化的否定似乎是一个逻辑上的假设,通过这个假设,原因和结果之间严格的相等关系便包含有其思维必然性。在此,一种关于自然以及自然变化的新的、与神秘的神话思维方式严格区分开的概念的根源就变得清晰可见。这是一种关于进程的概念,这进程不仅在没有任何人类辅助的情况下纯粹出于自然而发生,而且它还对抗着所有预防措施(Vorkehrung)和商品不变性的社会假设在市场中蔓延开来。在这个进程中,自然作为一种与人类领域分离的、外在于所有人类群体的力量而运转——一种作为纯粹客体世界(bloße Objektwelt)的自然的力量。它涉及发生在客体中的起因与结果之间的严格因果性概念。这种自然概念显然不同于人们在劳动中的自然经验;如马克思所说,在劳动中,人自身是作为自然力量作用于自然的。作为市场流通的行动者,人与自然的分裂程度不亚于商品自身的价值对象性与自然的分裂。

在因果性概念及其严格的形式中,与在其他任何"纯粹知性范畴"中一样,找不到哪怕是最细微的社会起源的痕迹,相反,在它们之中,关于这样一种社会起源的思想显得是不可能的事情;这并不是对这里所着手的推导的反驳。接下来还要表明，对知性范畴在起源上的盲目性，在对交换抽象的反思中将会发现其充分的理由。交换抽象本身彻头彻尾地具有一种绝对永恒的、与一种起源思想不相容的内容形式。在摆脱了历史的和地理的规定性的特质之后，这些特征就变成只具有数学上可规定性的特征。

因果性，更准确地说，它的作为严格因果性的形式规定性，成了这里被考察的诸范畴中的一个例外。它不是交换抽象的一部分，而是它的结果，是它的必然结论。交换行为丝毫不容许交换客体发生物质上的变化(materielle veränderung)，无论其是否被按照适当的因果关系(Verursachung)来判定。因此，严格的因果性并不执行社会综合功能。只是为了避免因在"纯粹知性"范畴中遗漏掉它而遭受责难，它才被包含进这一考察中。实际上，在数学化的自然科学中，因果观念从未得到直接的应用，而只是间接地、借助运动假说的实验验证来应用的。纯粹的运动图式(Bewegungsschema)是根本上由商品交换所产生的、起支撑作用的形式抽象。

## J. 现实抽象向思维抽象的转化①

我用**第二自然**(zweite Natur)这一表述来概括商品交换的所有的形式方面，第二自然被理解为一种纯粹社会的、抽象的和功能的实在性(Realität)，从而与第一或者原始的自然——我们和处在同一个地球上的动物都存在于其中——相对立。只有在第二自然作为货币这个表达形式(Ausdruckformen)中，我们之中的某种属人的东西才在历史中获得了其对象性的、个别的和客观-现实的表现(objektiv-reale Manifestation)。在同人与自然的所有物质交换的活动方式(Betätigungsweisen)相脱离的过程中，这种表现通过一种社会化的必然性得到实现。这些活动方式自身是第一自然的一部分。在商品生产

---

① 在德文版中，本小节标题号误用为 K，在此译文对之做了更正。——译者注

这个基础上，它们无论是被视为生产活动、消耗活动还是再生产活动，全都被驱赶到商品占有者的私人领域之中，并且，无数的私人领域仅仅是出于只植根于私人领域中的动机，才以商品交换的形式相互交往（verkehren）。尽管如前所述，交换行为是社会行为；然而，行为者的意识却是私人的，并且辨别不出其行为的社会-综合特征。意识通过将行为抽象化的东西而得到满足，并且，只凭借交换行为从所有经验中毫无例外地抽象出来，无意识的社会的网络作为一种第二自然的网络才得以构成。劳动只有转化为其形式特征（Formcharakter），作为"人类的"劳动，它才进入这个网络之中；它仅仅是"人类的"，因为起源于人的第二自然是从自然中脱离出的，是处于与自然的对立之中的，并且是人类自我异化的基础；因为第二自然完全以对劳动产品的私人居有为形式，与创造劳动产品的劳动相区分。

我将"第二自然"这个概念概括为两个方面，即其时空上的社会-综合的实在性，以及一种凭借抽象概念的认知能力的理想形式（ideelle Form）。因为第二自然的形式规定性只有一个，而且只能有一个。但在这一形式规定性的统一性之中，却恰恰有其两面性（Zweiseitigkeit）以及这两方面之间的关联性（Verknüpftheit）。但为了更接近现实抽象向思维抽象的转变或转化及其困难，首先，我们打算确信其本质上的形式同一性的事实；更确切地说是给读者以这样一个机会，即通过这样一个例子亲自确证这种形式同一性（Formidentität），即包含于铸币之中的现实抽象的形式要素。在此，就要求不具有哲学教育基础但却已做好准备的读者，置身于历史的情境之中，这一情境也许已经存在于希腊爱奥尼亚铸造钱币的早期，也就是哲学思维最初形成的地方。当然，哲学的这一诞生过程并非无需强大的思维努力就可以开始，其必须以一个重大的、非强制的动机为基础。这一动机当时是以何种方式存在的，直到今天人们对之也没有更多了解，最多只是猜测而已。我认为这点是确凿无疑的：货币，也就是采取铸币形式的货币，在这个转变中扮演了不可或缺的中介角色，因为只有在铸币上，一般的现实抽象才能步入现象之中。另一方面,这一点也是确定的,即在简单的交换中,货币的直接目的只是交换和支付的手段,对于这种单纯实践上的货币使用,没必要对它的抽象本性进行概念反思。至于还有其他的什么动机也引发了概念的形成,我们在这里不妨先不去管它。这也许是存在过的,我们假设这个动机是既存的,以便能首先确定意识活动的本性——在这种意识活动中,现实抽象向概念形式的转换能够得以实现。只有当人们对这个过程自身的性质差不多明了的时候,才谈得上对这些动机进行研究,也才能判定,关于这些动机的研究对这里所争论的命题到底有何种意义:希腊哲学的概念形成(Bgriffsbildung),更一般地说,合乎知性的思想的一般哲学概念的形成,在通过商品交换的社会综合的现实抽象中,也就是在第二自然中,有其形式的和历史的根源。

因此我现在要求读者,首先立刻忘记关于希腊或之后哲学的所有可能的基础知识;其次,接受对这种既定的、充分的动机的指责,这种动机支持的是那种对于他来说要求过高的思想努力;第三,满足于我对例子所做的选择,我之所以决定选择这些例子,仅仅是出于简单性的原因,以服务于当前这个阐释的目的。这个阐释应当回答如下问题:如何能够描述用以铸造货币的材料,更正确地说,是铸造货币必需使用的材料。因为,货币在其流通历史上,有时是由金,有时是由银或由铜,此外还由合金来制造的,而在今天货币的内容只是由一种印在纸上的、对一定数量的虚拟黄金的承诺组成的,这些只能被视为任意的、服务于某个目的的权宜之计。单是这些物质的多样性就已经表明,其中的每一种都不能被认为是切中货币的本质的。真实的情况是,"在众多曾充当过商品等价物的商品之中"①,没有一个是唯一适合这一规定的,即它特别地优先属于货币的质料:这个规定也就是说,它不能随着时间的流逝有任何物理上的变化。这时间包括了相关硬币作为货币流通的整个周期,包括其可能被收回存入国库的时间。实际上,发行部门有这种承

---

① Marx, MEW, S. 72. 参考《马克思恩格斯全集》,第23卷,第72页。

诺,即所有在它的有序运转中被损耗了的铸币都可以免费地兑换为足量的铸币,这一承诺就承认了任何一种货币材料的不适合性。因而,严格地说,铸造货币所必须使用的货币材料,在整个自然中都是没有的。这种材料不属于原始的或原初的第一自然;它因而也没有任何可能的可感知性。相应地,人们应当将其描绘为单纯的概念、纯粹非经验的概念。但是,由此推出货币材料只存在于思想之中,这与在自然中寻找这种材料一样是荒谬的,它们属于同一个模式(Paragon)。不可能存在思想货币(Gedankengeld)。即便是一位蒂·厄伦施皮格尔(Till Eulenspiegel)①也很难变出一件用来买东西但却不具有物质上的实在性的货币来。货币的实在性也必须与其所要购买的商品物的实在性是在同等程度上的,因而必须具有物的(dingliche)、时空的同一性。所以我所拥有的一枚货币,不可能同时握在另一个人的手上。但是,我的货币的物质实在性几乎不可能只是为我的,为它的占有者的,因而不可能是贝克莱或休谟抑或是一位主观唯心论者所认为的实在性。如果我为了从其他任何人那里购买一件商品而使用我的货币,那么这货币对于这个人来说,就像对于我那样,必须具有完全同样的实在性,并且,这不是一种单纯对于我们来说的实在性,而是如对于我们那样,实际上(ipso facto②)是对于所有参与这个货币的社会流转的人来说的一种一般实在性,因此是可想象的最高客观程度(allerhöchsten denkbarer Objektivitätsgrad)上的一种实在性。尽管如此,制造一枚硬币所必须使用的、其实在性无可置疑的唯一材料,在整个可感知世界是无法发现其经验性代表的。自古以来,人们在硬币铸造的实践中所满意的材料,以及充分适应于大多数社会经济的实用目的的材料,与货币功能的现实的形式本性(wirkliche Formnatur)相应,是使用价值实在性的单纯残余,抽象正是以这种实在性造成这种形式本性。但是,如马克思所强

---

① 蒂尔·厄伦施皮格尔,14 世纪德国农民出身的讽刺家、滑稽大王。后来,Eulenspiegel 演变为名词,意为滑稽的人、诙谐的人等。——译者注
② ipso facto,拉丁语,根据事实本身。——译者注

调的,这种形式本性,或商品的形式的"价值对象性",从未在商品世界中发现其独有的表达,因为它总是只能在其他商品——它在交换中与之等值——的使用价值中反映自身。这完全满足了商品交换作为人的实践行为领域(Feld praktischen Handelns)的要求,实践行为的对象当然不可能不是由真实的自然物质(Naturstoff)制成的。然而,这仍未排除与同样真实但物理上不可改变的价值对象性的区别;货币作为价值对象性的功能载体(Funktionsträger)而活动,并且在其中"一个自然物质原子没有"。对于这种非物质的、非经验的材料——铸币应当由之虚拟地(virtuell)制成——来说,其真正的代表只能存在于自然物质和感官经验的全部领域之外或者彼岸(jenseits),换言之:只存在于非经验的或"纯粹的"概念形式之中。并且,这不仅适用于同一地复述铸币的材料,而且也适合于恰当地表现现实抽象——其构成了马克思所说的"价值对象性"的本质部分——的所有组成部分。

以下这点应当变得显而易见了:不是有一种,而是有两种需要区分的货币材质(Materie)。一种是表面上的、一种经济功能的材质,正如每个人只在感官上所能接触到的那样;一种是深层的、作为商品社会的综合之潜在功能载体(Funktionsträger der warengesellschaftlichen Synthesis)的货币材质,借助这个综合,人们倾向于将货币称为社会的神经(nexus rerum)。货币的这两种本性,通过其对立的物质性(Materialität)而相互区分开。经济功能要求一种物质的材质,它由昂贵的使用物质,如金银构成,比照着这些物质,商品就能被赋予价格。与此相反,货币的社会-综合功能是由其基底的抽象的非物质性(Immaterialität)标记出来的;因为,在交易的时候,为了使交换得以达成,交换行为的实体性必须与商品的任何物质使用实践截然区分开。两种货币本性的物质性中的这种尖锐对立性,在货币之作为铸币——在此,我仅考虑了古典的货币产生时代——的发行中走向了一种简单明了的矛盾性。发行部门以估算过的所需硬币价值的量来发行经济上的金属货币,并将之与一种担保申明结合起来:所发行的硬币,若在其流通中遭受损耗的话，可以免费兑换为足量的硬币。这意味着什么？这意味着，货币应当是由一种不会损耗的而且量上永远不变的质料（Material）构成。但是，在整个自然界中没有这样一种质料。与自然材料相比，其标志是纯粹抽象的非物质性（rein abstrakte Immaterialität）。然而，这种非物质性并不是观念性的，它占有着人类行为的时空性的因素，这千千万万个行为就实现了社会的商品-货币流通。然而，从非物质的现实抽象走向了思维抽象的，是哪一步呢？

值得注意的是，由于这种忽略，在硬币或纸币的发行中，这两种对立的货币本性之间的矛盾得以容忍，并且由此所导致的实践作为受欢迎的解决方案而被接受。①

在货币的奠基和开始的时代的希腊人那里，肯定不能假设一种类似的迟钝性。相反，我们可以期待如下情况有很高的可能性：在6、7世纪，在爱奥尼亚、一些希腊的海滨城市以及南意大利这些已经使用货币的地方，希腊人已经细致地观察这种特别的、人造的但又如此不透明与陌生的机制。我不会怀疑的是：在此，综合的货币本性的**非物质实体性**（*immaterielle Substantialität*）也不是没有被注意到。看起来尤其可信的是，在塔兰特（Taranto）的毕达哥拉斯与在爱利亚（或维利亚）的巴门尼德已经自己发行铸币。尽管这种非物质性自身几乎不是观念性的，但是对它的注意却只有在思想上才可能，并且准确来说，只有在概念性的思维形式之中才可能。当然，这种非物质性不仅对其一般的时间上的无限性有效。它还覆盖了内容性的要素，这些要素携带着交换行为的物理性的非物质性。

当然，这种抽象的思想活动还不具有一种关于其自身与货币的商

---

① 稍微受重视一点的至多是20世纪60年代的英国邮政大劫案（即发生于1963年8月8日英国的皇家邮政列车劫案——译者注）的制造者。在这起劫案中，面值达2 000万英镑的纸币被拦截，这批纸币是运往伦敦的废币，将要被销毁，以便重新进入流通。一场2 000万英镑的大劫案，几乎使得国家货币机构没有便士可用。但是，若是在古希腊和伊奥尼亚，或是在相邻的吕底亚（公元前630年前后）最初铸造货币的时候，围绕着货币事务中的这种忽略会发生什么呢？

业现象之间的亲缘关系的知识。第一个为现实抽象的这种因素寻找适当概念的是巴门尼德,他提出了本体论上的存在概念(ontologischer Bgriff des Seins);当然他丝毫没有注意到概念是为了什么而被使用的,以及是什么把这些概念强加于他的。他说,万物的真实的东西不是其感官现象,而只能是"一"(Eine),用他的语言表达就是 τò óν。这无非是说,它是完整的,并就其自身而言是完满的,充满了时间和空间,它是不可改变的、不可分割的、静止不动的;它不会消逝,因而也不会产生。关于这一概念的思想,显然是对此处所证实的货币的物质本性的片面化和本体论上的绝对化。由此,同一个物质性的另一些同样根本的特性被排除在外了,这些属性后来必定会被另一些思想家们提出来。对此,下文还会论述。

在此应当强调的是,无论是巴门尼德还是其他的古希腊哲学奠基人,都没有在这一意义上将他们在概念中所表达的抽象归于自己,即人们也许是通过从既定感觉的多样性上升到更高的一般性阶段而形成这些抽象的。他们都没有通过陈述这样的一种建构进程(Konstitutionsvorgang)来证实他们的基础概念。为概念奠定基础的抽象,完全是其他类型的,而且它们是无需任何推导就现成地在此的。这些抽象产生于别处,而且是以不同于思维的方式产生的。例如,巴门尼德在其学说那具有寓言性质的前言(Proemium)中这样描述道,他坐在赫利俄斯(Helios)①的女儿们的车中,来到正义女神蒂克(Dike)的居所,超越了昼夜的界线,获得了唯一真实之物的概念,也就是如重要的箴言所说:"你必须依靠理性来权衡我对你所说的这些五花八门的学说。"②因而,即便说 τò óν 概念不是他的思想成果,他还是一种建立在

---

① 赫利俄斯,希腊神话中的太阳之神,泰坦巨神海泼里恩(许珀里翁)之子,阿波罗的前任。每日乘四马金车在天空中奔驰,从东到西,晨出晚没,用光明普照世界。在许多神话中,他同阿波罗混为一体。——译者注

② 此处据黑格尔在《哲学史讲演录》(Vorlesungen über die Geschichte der Philosophie, Bd. I, Reclam jun., Leipzig 1971, s. 387ff.)中的译文。参考黑格尔:《哲学史讲演录》,第1卷,第266—267页。

理性推论的基础之上的思想的开创者。基础就是概念思维的禀赋,即借助真理与非真理的辩证法,并遵照内在于逻辑的思维必然性或思维矛盾性(Denkwidrigkeit)来进行概念思维的禀赋。巴门尼德论证道:"思想与思想为了它而存在的东西是同一之物。因为没有存在者并对之有所言说[或表现],你将寻找不到思想;因为在存在之外,它[思想]是无物,也将是无物。"黑格尔补充道:"这是主要的思想。"①实际上,在巴门尼德那里,黑格尔发现了他自己的概念本体论的基础。

## 7. 分析的结论

前面的分析已表明,商品交换的社会结构(gesellschaftliche Struktur)以交换行为的非经验的抽象性为基础,并指明了其与精确的自然科学方法论的基本概念的抽象性之间显而易见的一致性。因而可以说:交换抽象不是思维,但它却在纯粹知性范畴中拥有思维的形式。由此,以下这点便清楚了:这些范畴——按照我的观点,它们源于交换抽象,更准确地说,源于交换行为的物理性(Physiklität)——表明,它们偏离了康德从判断形式中抽取的范畴。实际上,我努力获得的关于纯粹知性的理解,相较于康德的理解而言,更为接近古典机械论者的精确的自然科学中对它的理解。为此,我在恩斯特·卡西尔那里发现了一个值得注意的证据。我转引如下:

> 精确的自然概念植根于**机械论**思想,并且只有在这一思想的基础上是可获得的。在其后来的发展中,对自然的解释试图从这前一种图式中摆脱出来,并代之以一种更宽泛、更普遍的图式;然而,**运动**及其法则依然是真正的基础问题,在这个问题上知识首先达到了明晰性以及关于自身的明晰性。一

---

① 参考黑格尔:《哲学史讲演录》,第1卷,第266—267页。

旦现实性溶解于一个运动的体系之中，它便被完全地认识到了……在普遍的科学意义上说，运动就是一种特定的关系，**空间**和**时间**都进入其中。但是，空间和时间本身被设定为这个基础关系的环节，不再是在其直接心理的和"现象的"特性的意义上说的，而是在其严格的**数学**规定上说的……这些规定作为基础，要求连续的、均质的纯粹几何学空间……那么最终，从一开始，运动自身也就被纳入到这样一种纯粹概念的条件性的圆圈之中。只不过表面看来，它形成了感官的直接事实，即所有的外在观察向我们呈现出的基本事实……但是，这一因素不足以单独为力学所需的严格的运动概念奠定基础……这种数学变换，物理学家将之作为已经完成了的前提，实际上形成了真正的、源始的难题。①

对空间、时间和运动的概念规定，是康德与我之间关于纯粹知性的见解的根本区别。我将思维抽象回溯到作为基础的社会化的结构条件（Strukturbedingungen）之上，即回溯至取代了先验主体或精神的唯心主义幻影（Phantasmagorie）的社会存在，上述区别的原则正是出自这种回溯。因而，我们再次提及社会化的基础问题。一种私人所有者的社会网络绝不是以其对使用的价值评估为基础的。此外，在一定程度上，诸个体的身体还必须能够相互替换，以便避免其身体感觉的不可比性以及他们的个人性的价值评估。原则是，我当然可以用我的舌头确知苹果的味道，但是我却不能知道在别人口中苹果的味道如何。假使事情取决于此，那么社会就会在这个历史关头，即在带有古代烙印的共同行动变为铁器时代中变得独立的个人的分散行为之时崩溃，陷入混乱无序之中。人类似乎没有经历过这一历史关头。分散的个人之间的社会综合只有经由如下一点才是可能的：在他们相互的交往中，即在商

---

① Ernst Cassirer, *Substanzbegriff und Funktionsbegriff*, Berlin 1910, S. 155-158；在后面的段落中，我还需要引证这部著作。

品交换中,有一种行为越过不可通约的整个领域,并且只以彻底的抽象性为其标志特征;这正是交易过程中与任何对象的使用相分离的交换行为。但是,这种独特的行为,只有当它辐射(ausstrahlt)到所有承载着这个综合的人类关系上时,才能产生其社会结果。

这样一种辐射也是纯粹知性。纯粹知性的概念形式越过货币的途径,直接从交换行为的抽象的物理性中产生出来。换言之,纯粹知性的产生不是发生在人们中或通过人们而产生的,也不是像我们交际语言的经验概念的形成那样逐步发生的,而是在已经形成了的抽象性中产生的,并且,对于具有相同的社会利益的个人来说是同一个东西。由此,纯粹知性便不与人类心理学捆绑在一起,同时与人类主体性所产生的能力相分离;至于这是以何种模式发生的,本书还将进一步指明。

这种理解方式有助解释纯粹理智的至今从未被揭秘的奇迹。知性是人的一种完全被事物化了(versachlichte)的能力;以从现实抽象转变到思维抽象的方式,交换行为的物理性过渡到了这些人的思维抽象之上,并转移到了其思维之中。按照私人所有原则的社会综合的这种悖论性现象,在某种程度上使人们臣服,作为其自身执行的工具,作为人类的历史性生存的工具。此外,按照这里提出的见解,成为唯心主义从中发现的人类精神自律的顶点,是以文明人的执行能力为前提的,是以某种程度的物化为前提的,这种物化的深度和不透明性(tiefe und Undurchsichtigkeit der Verdinglichung)连马克思都没有完全认识到。

但是现在,这种潜在于交换行为中的知性能力与商品交换的经济实在性(ökonomishe Realität)之间的关系是怎样的,从而这种能力与商业上的交换价值和货币的关系是怎样的?交换的两个方面是相互沟通的还是相互疏离的?就像纯粹知性是交换抽象的一部分那样,交换价值是商品交换的一部分。交换价值是,这一名称—交换=价值。它是这样一种标志性的特性,商品被赋予这种特性,因为它成为一种交换行为而非使用行为的对象。由此便有了交换价值的非直观性(Unanschaulichkeit)、社会普遍性以及其特有的单纯量的维度。它的同一性在一个交换活动中有效,在另一个交换行动中同样有效。它的对象化就是货币。通过其与商品在任何质上的使用相区别的抽象性,交换价值就将交换关系的两方面无差别地等同起来,就它的对象、行为和参与双方而言都是如此。由此,商品价值就将被交换的客体假设为等价的。交换适于这则民谚:对一方来说是公平的,对另一方来说就是廉价的。商品之等价被设定为是与其可交换性同义的①。为了规定双方所交换的商品的等价比例,需要区分开不同商品类型的交换价值。为此,货币机构就成为必要的。在货币中,一种确定的商品类型,即贵金属,将自己确立为市场上所有商品的普遍的、物性的体现,确定为它们交换价值的尺度。通过"商品二重化为商品和货币",商品与作为其价格的货币商品的交换关系,借助共同的比较分母而被配给商品。商品价格不再仅仅只是普遍的交换价值,而且是商品本身特有的商品价值,这个价值是按照其制造花费来衡量的,更准确地说,是按照生产它的社会必要劳动时间来衡量的。多亏以这种方式赋予商品的商品语言(Warensprache),个人为了自我保存(就其维护市场而言),能够而且必须按照其家庭和商业活动的收支平衡原则,进行适合于综合性社会的需求的行为,而丝毫没有洞察表面的背后是什么。

　　由此,对这一阐释最为简短的表述就是,交换抽象的两个方面显然处于完全的相互疏离之中。它们不具有共同的概念,钢铁在经济上的定义是其价格,而物理学上对钢铁的定义则是其原子量。这二者是不可相互转换的,并且其中的一方不能排除另一方的存在。

　　前面已经强调过,交换抽象将交换参与者相互等同起来。无论是

---

① 在马克思那里,恰恰也可以发现这一点,并且被认为是理所当然的(vgl. MEW 23, 64)。既然前人及其同时代的人都这样认为,那为什么不呢?但是,在《资本论》第 1 卷出版后不久,主观价值学说便兴起了。这一学说不承认交换等价,因为在它那里,交换是按照帕累托(Vilfredo Pareto,意大利经济学家,经典精英理论的创始人,社会系统论的代表人物——译者注)的真实行为的逻辑来理解的。人们可以拒绝或是接受它,但无论如何,所提及的同义性不再被当作理所当然的东西来对待。因此,我试图追究其根据。

国王还是乞丐,他们作为交换参与者就只能是交易的权利主体,不多不少。等值的抽象性是法律上权利概念的根源,这也许有望让我们相信,民法上的事实构成这一表述在希腊人那里要比在罗马人那里更加久远。在希腊人那里,这些事实构成毋宁说结晶在诉讼中对公民权的贬低上。

商品交换的一个深刻的影响,从根本上对正在形成的社会的严重的父权制起到了作用。性别卷入了交换结构中交换行为与使用之间的两极区分之中。男人们自为地占据其作为交换的权利主体的职能,并借此对公共领域以及国家立法发挥决定性的影响。相反,女人则待在家庭的范围内,照管家庭框架内的物品的消费和使用,生育并抚养孩子。另一方面,她还要指导家奴进行纺纱、织布,生产衣物,洗涤缝补,在属于家政(Oikos)的田地里种植植物、蓄养动物,在这土地上,她们参加农业劳动,承担起男人们作为农夫的责任。

我已经阐明了交换抽象的两个方面的完全的、内在的分离与疏远,即交换行为的物理性方面与鉴于自然(Natur)的方面,以及商品价值的方面与社会功能关联的方面。从这种隔绝(Incommunicado)中产生出了自然与社会的二分,以及自然科学与人文科学在方法论上的二分。对这种二分的清算,比起康德与马克思来说更为必要,他们本应做到这一点,但他们却只是使分裂尖锐化、僵化了:康德是因为没有将对数学化的自然科学理论的分析进一步导向对现实科学,特别是经济学的分析;马克思则相反,他是因为没有将政治经济学批判扩展到自然科学的批判上去。这样,在这两位伟大思想家之间,自然科学与人文科学之间的鸿沟依然保留下来了。而我从时空进程和事实状况中推导出纯粹的思维范畴,就抛弃了这种二元论。在这个基础上,对历史的一种深入的重构(Rekonstruktion)就应当是可能的。当然,无论如何我只是针对古代和近代的自然科学的产生。

## 第二部分　社会综合与生产

### 1. 生产社会与居有社会

（如本书其他部分那样，我们在这一部分的讨论大体上限制在理解历史的一些观点上，而不对之做详细的处理）

使阶级社会生产关系区别于无阶级社会生产关系的标志已经被多次指出了。这种对立取决于社会综合的不同类型。如果一个社会通过生产过程中的劳动关系而获得其综合的形式，即其决定性的构序（Ordnung）直接出自人类自然活动的劳动过程，那么这样的社会至少按其可能性来说是无阶级的。一个这样的社会，能够按照其结构规定性而被称为**生产社会**（Produktionsgesellschaft）。另外一个选择就是以居有为基础的社会形式。与前面一样，这里的居有始终是在人际间或者内在于社会的意义上来理解的，也就是被理解为通过不劳动（Nicht-Arbeitende）而占有（Appropriation）劳动产品。在此，需要在占有的单方面的形式与交互的形式之间做出区分。对剩余产品的单方面占有，用马克思的话说，导致了多种"直接的统治与从属关系"形式下的阶级社会的形成。这样的居有以强制的抑或自愿的贡赋的形式发生，或者以劫掠与偷盗的形式发生，能够以臣服或"继承权"等为基础。我们所感兴趣的问题主要与以交互占有或交换为基础的居有社会的形式有关，因此就是与商品生产的不同形式有关。所有**居有社会**（Aneignungsgesellschafte）的一般标志是一种通过某些活动的社会综合，这些活动的方式有所区别，并且在时间上是与创造居有客体的劳动相分离的。无需强调，社会塑形（Gesellschaftsformation），无论是以生产还是居有为基础，当然会受到各自物质生产力的发展状况的影响。

前一部分已经通过详细的论证阐明了，一种采取商品交换的交互居有形式的社会综合，导致了脑力劳动与人工劳动之间尖锐的区分的产生。这种社会形式的综合的统一，形成了这些社会形式的典型的思维和知识形式在形式起源上的直接基础。我们毫不犹豫地将这一成果普遍化，并由此推论，在所有的社会形成中，无论是居有社会还是生产社会，社会必要的意识形式是由支撑着这些社会形成的社会-综合功能，以可演绎的方式规定了的。通过这一普遍化，上述所做的那些专门考察，对于当前急需满足的社会主义和共产主义兴趣来说变得很有价值了。在当前这个部分中，我们将把从特殊材料中得出的概念和结论当作一般的历史理解的范畴和观点来使用。这里，对以往时代的关注，将会为下一部分中的进一步思考夯实和拓宽基础。

## 2. 劳动中的手与脑

首先要说的是，如果没有手与脑的合作，当然根本就不可能有人类劳动。劳动不是动物性的本能行为，而是有意图的活动，并且这意图必须操纵身体上的努力——它也是一种有意图的活动，以一种最低限度的连贯性，走向其所要达到的目的。

我们要考察的是专属于人的劳动。蜘蛛的活动与织工的活动相似，蜜蜂建筑蜂房的本领使人间的许多建筑师感到惭愧。但是，最蹩脚的建筑师从一开始就比最灵巧的蜜蜂高明的地方，是他在用蜂蜡建筑蜂房以前，已经在自己的头脑中把它建成了。劳动过程结束时得到的结果，在这个过程开始时就已经在劳动者的表象中存在着，即已经观念地存在着。①

但是，对于我们来说本质性的问题是，劳动过程要达到的结果是在谁的头脑中以观念的方式存在着的。

就劳动过程是纯粹个人的劳动过程来说，同一劳动者是把后来彼此分离开来的一切职能结合在一起的。当他为了自己的生活目的对自然物实行个人占有（Aneignung）时，他是自己支配自己的。后来他成为被支配者。②

虽然个人劳动过程在商品生产展开之初就有一个十分确定的意义，即作为"分散的单个人的劳动"，但并不是在人类历史之初。因此，必须做出区分，一个劳动过程所要达到的目的，是已经以观念的方式呈现于执行劳动的那个头脑之中呢，还是呈现于共同进行劳动的多个头脑之中，抑或是呈现于一个将过程的单纯碎片分派给劳动者的陌生的头脑之中？这些碎片根本不表示所要达到的目的，因为它们是由其他人设定给执行者的。按照这种情况，对于劳动而言，手与脑之间的关系发生了变化。但是，本质性的区分在于，所要达到的目的，是付出其身体上之努力的单个人的意图，还是共同努力的多个人的意图，抑或仅仅是个人单独执行的部分意图？但对于他来说，这并不意味着所要达到的最终目的，因为它是由别人设定的。

对于我们来说，重要的是区分手与脑的个人的和社会的统一，及其个人的和社会的分离。手与脑的**个人统一**，就其本质而言，仅标志着服务于个人的单个生产的劳动。这不意味着，所有的个人的单个生产反

---

① MEW 23，193. 参考《马克思恩格斯全集》，第 23 卷，第 202 页。
② Ibid.，531. 参考《马克思恩格斯全集》，第 23 卷，第 555 页。

过来以这样的个人统一为前提；比如，人们想到奴隶所从事的陶器制造与纺织生产，奴隶尽管能够通过他们的个体劳动而生产出产品，但他们并不是其劳动目的与方式的主人。脑与手的个人分离适用于所有在异己的目的设定下发生的劳动。相反，手与脑的社会统一是共产主义社会的标志，这种社会包括原始的共产主义与技术高度发达的共产主义这两种类型。与此相对立的是脑力劳动与体力劳动之间的社会分离，这分离贯穿了剥削的整个历史，并采取了极其多样的形式。

从宏观上来看，历史上的社会发展是从原始的共产主义——在其中，生产以劳动的不可分解的共同性为基础——逐步地向所有主要领域中的个人单独生产的形式变迁（Ausbildung），以及相应地，向商品生产的构型变迁（Ausformung）。这里，有两个过程并列发生，一是走向货币的使用，采取其作为资本的反思形式；一是走向思维的社会形式，作为被分离的纯粹理智。换言之，与人工劳动的个体化尖锐对立的是，社会发展走向了社会综合的普遍化，这体现在其携带的经济的商品语言的因果性及其意识形态的概念语言的基础之中。古典的古代达到了历史发展的中间阶段，在其中，产生了居有社会的绝对（古典的）模式，这一模式将作为奴隶的生产者排除在社会化的参与者之外，并且正是由于这个原因，这个社会不能持久。但是，自这个社会瓦解之时，一个发展过程便开始了，在这个过程中，社会化开始掌握了生产和人工劳动，并借此推进到当今的发展阶段；在此阶段，在资本主义居有社会内部，一个现代的生产社会的前提已经形成了；按照马克思和恩格斯的预见，人类必然要在二者之间做出选择。这个总体发展贯穿了其主要的阶段，并深入到其最短暂的瞬间之中。

## 3. 最初的生产剩余与剥削

在这一部分中，我们将来理解——用我们的话来说——从原始的

(共产主义的)生产社会向居有社会的第一个形式的过渡。这里所理解的居有,也就是内在于社会的意义上的居有的开端,是以集体共同劳动的生产率的充分提高或生产力的充分发展为前提的,这样便有望定期得到超出最低生存限度的可观的剩余。居有的最初开端是在共同体内部发展起来的,并将缓慢的却不无决定性的变化带入了基于共同财产和社会性消费的生产关系之中。马克思发现了这些变化的中介形式(vermittelnde Formen)的必然性,特别是发现了与其他共同体之间的最初的交换,这个交换后来又对共同体的内在构序(innere Ordnung)产生了毁灭性的反作用。当那些有益于已产生的居有实践的因素变成主动的力量,将发展推向有利于自己的方向,从而将自身组织为一种特殊的社会权力时,持久的反作用便产生了。在这权力的影响下,便出现了对共同财产(特别是在土地方面)逐渐增多的侵犯,以及对生产者日益增强的依赖关系。逐渐地,在社会内部,稳固的、以继承与父权制为基础的阶级分化形成了,并与对外征服、扩张性的抢掠和商业活动紧密相连。

做这一极其抽象的概述,无非是为了强调三个基本因素:(1)生产方式,更准确地说,在原始生产中,也就是种植与畜牧业中的劳动过程,在很长的时间内还停留在集体的组织形式上;(2)居有阶级方面的社会内在财富的形成,在最基本的范围内,采取单方面占有剩余产品的形式;(3)产品交换大体上保留了不同共同体之间的单纯外部交往的特征。换言之,交换的交往仍未且在长时间内仍未发展为社会内部网络的形式(Form des innergesellschaftlichen Nexus)。

最初,个人的单独劳动在石制工具与兵器的制造中得到了发展;之后,特别是在更晚的新石器时代发明的手工业分支中得到发展,即如制陶、纺纱与织布等次级生产,主要是妇女劳动;到新石器时代末期,发展到金属行业,又是以男性劳动为主。次级产业变成了商品贸易的主要领域,商品贸易变成了次级行业扩展的推动原因。通过这两方面的发展和相互影响,生产剩余与阶级财富的形成经历了蓬勃发展,并足以推动创造出从尼罗河到黄河冲积平原上的垦殖的伟大成就。

## 4. 礼物交换与商品交换

商品抽象属于商品交换，而不属于其在历史上的前形式（Vorform），不属于礼品或礼物交换（Geschenke-oder Gabentausch）。礼物交换的特征是相互馈赠的义务，而商品交换的特征则是被交换客体的等价的假设。这一区别和对立是需要阐明的。

对礼物交换的第一次深入研究是 20 世纪初由马塞尔·莫斯（Marcel Mauss）做出的；1924 年，他 20 年来的研究成果在巴黎出版，即著名的 *Essai sur le Don* 或《礼物：古代社会中的交换的形式与理由》①。他的方法，如他自己所说，是"精确的比较"方法；这方法足以帮助他对大量繁复的现象做出准确的描述；但他并没有致力于对礼物交换现象做出历史性的解释。然而，他的描述性分析还是一项值得称道的成就，它推动新兴的法国人类学进入了富有成果的发展过程。但同时在莫斯的研究中找不到一个对他所理解的古代社会的质料性（materiell）的界定。因此，我提供了一个这样的定义，在我看来，这是最显而易见的，即古代社会应该被理解为仅以石器时代的用具与工具来耕作土地的社会。以这样的装备，单独的生产、个人的自我保存都是不可能的，因此集体生产方式和这样或那样的共同财产是必要的。

现在，马塞尔·莫斯将其研究计划准确表述如下：

我们会详尽地提到与之相关的种种原则，但本文也仅限于深入地研究其中之一。在落后社会或古代社会中，是什么样的权利与利益规则导致接受了礼物就有义务回报？礼物中

---

① *Die Gabe*：*Form und Funktion des Austauschs in archaischen Gecsellschaften*. Suhrkamp, Frankfurt 1969.

究竟有什么力量使得受赠者必须回礼?①

第二个问题采用了古人们自己的视角。但是,回礼很少取决于事物(Sache),同样很少取决于交换的时间和地点,回礼取决于人格(Person)②。

一个人,如果没有对其收到的礼物——回礼,就好像这礼物是他私人的、确定的财产似的,那么,他将会与他的共同体处在不可容忍的对立之中,并遭到排斥。因此毫无疑问,在一个古老的、集体的共同体内部,礼物交换中的回礼是充分可靠的。但是,在后来其他的社会中,也依然如此吗?

石器时代之后的青铜时代基本上没有发生变革。青铜相对短缺、昂贵,并且仅供统治者当作武器和奢侈品来支配。相反,主要的生产者大体上继续使用着石器时代的工具。不过,从尼罗河到黄河的大片冲积平原的灌溉系统设施,为青铜时代的统治者们创造了较之以前显著提高了的农业收益。

在公元前的最后一个千年的初期,通过铁矿开采和铁器冶炼,古代社会的传统之中发生了决定性断裂,R. J. 福尔贝斯(R. J. Forbes)对这一技术革新的特点做出了如下解释:

> 对早期冶铁技术的研究表明,熟铁和钢(在这里始终指表面碳化的熟铁)的生产包含着对一种技术和工序的全新复合(an entirely different complex of techniques and processes)的引入。青铜时代的锻工们必须重新学习技艺。这新技术引入了铁矿石冶炼的正确造渣(slagging)工艺、新的工具和方法,来处理铁矿石初次熔炼产生出的钢坯,控制碳化过程、淬火过

---

① Die Gabe: Form und Funktion des Austauschs in archaischen Gecsellschaften., S. 13. 参考莫斯:《礼物:古式社会中交换的形式与理由》,上海人民出版社 2002 版。译文有改动。

② 我只是在如下意义上来谈论人格的:在古代社会中,个人也拥有独特的名字,他们知道用这些名字来称呼属于个人的东西。

程和加温过程,这些使得新锻工们能够从熟铁中生产出钢。因为只有新的钢才比青铜及相关合金更为出色——单靠熟铁产生不了技术革命。①

附加一点:在中东地区及希腊,几乎到处都可以发现铁矿,并且,由铁或钢制成的金属器械比由铜及其合金所制器械要便宜得多、坚硬得多。铁器在土地耕作中的使用,在农业生产中带来了经济上的彻底变革。现在,它相较于烦琐而又高成本的古代生产方式来说,能更为成功地作为个体经济而运行。通过向炼铁技术的过渡,"小农经济和独立的手工业生产"的经济产生了,按照马克思那著名的脚注,这种经济"……在原始的东方公有制解体以后,奴隶制真正支配生产以前,还构成古典社会全盛时期的经济基础"②。

但现在,在这个背景下,在礼物交换时不再依靠回礼的准备,交换必然经历一种深刻的变革,这正是向商品交换的变革。这就是说,以前收到礼物之后的回礼是随心所愿地进行的,没有规则,或早或晚,现在则严格地与当场的快速支付捆绑在一起,以至于交换的这两种活动同时发生,互为条件,链接为一个交换生意的统一体。现在,这一关系中的伙伴,作为买者与卖者,在交换行为(以及交换协商)的完全的意义上处于相互对立之中,他们与使用行为的分离引发了交换抽象的形成。

---

① R. J. Forbes,"Metals and Early Science,Essays on the Social History of Science",hg. von S. Lilley,*Centaurus* Vol. 3,Ejnar Munksgaard,Copenhagen 1953,p. 25-26. 英文原文为:the study of early iron metallurgy reveals that the production of wrought iron and steel (here used throughout in the sense of surface-carburised wrought iron) entailed the introduction of an entirely different complex of techniques and processes. The Bronze Age smith had to relearn his trade. The new techniques involved correct slagging of the matrix of iron ores, new tools and methods to handle the "bloom" produced by the first smelting of iron ores, and the mastery of the carburising, quenching and tempering processes, which enabled the new smith to produce steel from wrought iron. For only the new steel was superior to bronze and similar alloys-wrought iron alone would not have produced this technical revolution.

② *MEW* 23,. 354n. 参考《马克思恩格斯全集》,第23卷,第371页,注释24。

## 5. 古典居有社会

新的冶铁技术大约在公元前1000年或更早时期就已经在传播了，它的第一个结构上典型的成果是腓尼基人文明，以及之后的希腊、罗马人文明。因为他们的原始的生产从笨拙的冲积灌溉经济中解放出来之后——作为必要的生产剩余的前提条件，新的力量就能够满足于更小的空间，能够定居于丘陵地区、狭长的海滨地带以及岛屿，并能从其流动性中获得好处。在远古英雄时期的传说（海格里斯①、阿尔戈英雄②等的传说）中，他们表现得足够强大，能够在古代东方的伟大文化和惊人财富的地区进行破坏、抢掠、劫持，等等，同时以这种方式从被抢来的财富中学会了古老世界优越的技术与技艺，并逐渐地，主要在生产的次级分支中与前者不相上下，且在武器制造和造船行业中占据了优势。

与生产的分散相应，这些冒险者垄断了在周围世界中的抢掠行为，并承担其风险。他们不再服务于神权统治者，没有国家权力作为靠山。他们作为英雄、独立的个人而行动，他们的民族与祖国认同他们，以便仿效他们自主地占领其发现的域外财富的行为。在此，他们那青铜文化的神化了的表象世界被改变了，但如此一来，众神就不再是占有一个更高权力的条件，而变成了英雄们的命运之神。这是私人商品往来在纠缠于货币形式的均等或不均等之前的前形式和源形式（Vor-und Ursprungsform）。在《启蒙辩证法》（*Dialektik der Aufklärung*）中，霍克海默和阿多诺敏锐地辨认出其之后形式的预兆。

在这当中，存在着一个有争议的问题：古典的古代世界中的商品往来和货币流通是否以及在何种程度上符合商品生产的实情。恩格斯肯

---

① 希腊神话中的大力士。——译者注
② 希腊神话中随同伊阿宋乘亚尔古舟去海外寻找金羊毛的英雄。——译者注

定了这一问题,并谈到展开来的商品生产。他认为要照刘易斯·摩尔根(Lewis Morgan)那样,将这个过程的年代确定在文明阶段之初。并且以下这些是清楚的:以生产力的发展为条件,集体原始生产通过"小农经济"的个体劳动而瓦解,加之与此同时"独立的手工行业"的发展——马克思将这二者称为共属一体的范畴,商品往来便扩展、深化为基础性的经济必然性。对此,公元前六七世纪铸币业的引入和迅速传播,能够充当不容置疑的标尺。但是,这还不足以为这样一种社会塑形(Gesellschaftsformation)提供证明,即商品交换已经成为唯一决定性的内在的网络。马克思说:"对罗马共和国的历史稍微有点了解,就会知道,地产的历史构成罗马共和国的秘史。"①一旦自由农民占有其生产工具,地产的剥夺就构成其剥削的主要手段②。但是,针对农民的地产垄断是通过何种中介过程而实现的呢? 马克思说:"古代世界的阶级斗争主要是以债权人和债务人之间的斗争的形式进行的;在罗马,这种斗争以负债平民的破产,沦为奴隶而告终。"③在希腊,小农经济和独立的手工业也"在原始的东方公有制解体以后,奴隶制真正支配生产以前,构成古典社会全盛时期的经济基础"④。根本性转变是作为商品经济和货币经济的结果发生的。"在古代世界,商业的影响和商人资本的发展,总是以奴隶经济为其结果;……但在现代世界,它会导致资本主义生产方式。"⑤

古典与现代之间的决定性区别在于,只有在现代,财富的形成是从剩余价值的生产中实现的,而不单是通过居有,即不单是现存价值的所有转移(Eigentumsverschiebung)。在古典时期,财富的形成在本质上是以外在于而非内在于经济的方式进行的,这就是说,是以对其他共同

---

① *MEW* 23, 96. 参见《马克思恩格斯全集》,第 23 卷,第 99 页,注释 33。
② 此外参见 *MEW* 25, 798 f.
③ *MEW* 23, 149/150. 参见《马克思恩格斯全集》,第 23 卷,第 156 页。
④ Ibid., 354n. 参见《马克思恩格斯全集》,第 23 卷,第 371 页,注释 24。
⑤ *MEW* 25, 344. 参见《马克思恩格斯全集》,第 25 卷,第 371 页。

体和异族人的掠夺与剥削为基础的,也就是以他们的臣服以纳贡赋,或者沦为奴隶为基础。此外,从进行征服的希腊城邦方面来说,不断需要一种符合血缘的法规,通过它,它们能作为合作力量捆绑在一起进行活动。但是,这一条件是与商品经济的发展相矛盾的。因为在这里,这一点也同样适用:"只有独立的互不依赖的私人劳动的产品,才作为商品互相对立。"① 在对内部经济的反作用中,外部的贡赋关系转变为内在于城邦的、债务人和债权人之间的阶级对立,直到债务人开始被卖为奴。恩格斯以处于古典方式中的雅典为例阐明了这一转变,并且在此复述这些重要段落是有意义的。

在"野蛮时代高级阶段的末期",已经"由于地产的买卖,由于农业和手工业、商业和航海业之间的分工的进一步发展……扰乱了氏族制度机关的正常活动,以致在英雄时代就需要设法补救"。接下来,

> 把全体人民,不问氏族、胞族或部落,一概分为贵族、农民和手工业者三个阶级……贵族的统治日益加强,到了公元前600年左右时,已经变得令人不能忍受了。这时,货币和高利贷已成为压制人民自由的主要手段。贵族们的主要居住地是雅典及其近郊,在那里,海上贸易以及附带的有时仍然进行的海上掠夺,使贵族们发财致富,并使货币财富集中在他们手中。由此而日益发达的货币经济,就像腐蚀性的酸类一样,渗入了农村公社以自然经济为基础的传统的生活方式。氏族制度同货币经济绝对不能相容;阿提卡小农的破产是与保护他们的旧的氏族联系的松弛同时发生的。债务契约和土地抵押(雅典人已经发明了抵押办法)既不理会氏族,也不理会胞族。而旧的氏族制度既不知有货币,也不知有贷款,更不知有货币债务。因此,贵族日益扩展的货币统治,为了保护债权人以对付债务人,为了使货币占有者对小农的剥削神圣化,也造成了一

---

① *MEW* 23,57. 参考《马克思恩格斯全集》,第23卷,第55页。

种新的习惯法……没有竖这种柱子①的田地，大半都因未按期付还押款或利息而出售，归贵族高利贷者所有了……不仅如此，如果出卖土地所得的钱不够还债……那么债务人便不得不把自己的子女出卖到国外去做奴隶，以偿还债务……私人占有，引起了单个人之间的交换，使产品变成了商品。这就包含着随之而来的全部变革的萌芽……产品是怎样在单个人之间的交换发生以后以及随着产品变成商品而迅速地支配了它的生产者的——这一点雅典人不得不亲自来体验了。随着商品生产，出现了个人单独经营的土地耕作，之后不久又出现了个人的土地所有制。随后就出现了货币，即其余一切商品都可以和它交换的普遍商品。但是当人们发明货币的时候，他们并没有想到，这样一来他们就创造了一种新的社会力量，一种整个社会都要向它屈膝的普遍力量。这种未经它自身创造者的预知并违反其意志而突然崛起的新力量，就以其全部青年时代的粗暴性使雅典人感受到它的支配了。②

　　几乎无可置疑的是，商品经济和货币流通对处于上述时代的希腊社会产生了划时代的影响。恩格斯的叙述和评价的所有基本方面为乔治·汤普森所确证③。二人都指明了这一决定性境况：社会失去了对生产的控制，并且因此商品流通与货币必然变成"一种整个社会都要向它屈膝的普遍力量"。商品经济缓慢地但却不可避免地取得了相对于血缘条件（Stammesbindungen）的优势，后者最终在 4 世纪崩溃了。

　　尽管古代商品生产还不是资本主义意义上的剩余价值生产，但它是我所讲的一种"综合的社会"的基础，即这样一种社会构造的基础，在其中，社会综合是被作为商品的产品的交换过程中介了的，并且不再以

---

① 指抵押柱，表示某块地以一定价格抵押给某人。——译者注
② 参考恩格斯：《家庭、私有制与国家的起源》，《马克思恩格斯全集》，第 21 卷，第 125—129 页。
③ *The First Philosophers*, London 1955, S. 196.

一种共同体的生产方式（gemeinschaftliche Produktionsweise）为基础。这些就足以使现实抽象成为思维形式的主导要素，也足以让我们有权将希腊哲学和数学在概念上的本质特征，以及借此产生的脑力劳动与体力劳动之间的尖锐区分，回溯到这个作为决定性起源的根基上去。

我在原始交换与本来意义上的商品交换之间划出了一条本质上的区分线。原始交换、礼物的给予与接受、仪式性的夸富宴（Potlatsch）①、某些聘礼的使用等，在氏族社会的共同体的差异化过程中以及在这些共同体之间生长起来。它们认识到一种赠与的相互性，但没有认识到被赠与客体的自在自为的等价性。客体具有剩余物的特征，但不是，至少最初不是从剥削关系中生长出来的，尽管在接下来的发展中它构成了走向剥削的过渡阶段。然而，这些并没有径直指向商品生产的方向，而是正如在前述段落中已经描绘过的那样，导向了直接的统治与从属关系的产生。

但是，在青铜时代瓦解之后，商品交换在铁器时代传播开来，并逐渐渗入古代共同体的内部构架（innere Gefüge）之中，在这里，商品交换是被剥削劳动的产品的等价交换，并服务于单方面的财富积累的目的。在很早的前资本主义时代，在这种等价交换的过程中就有一些人变得富裕，而一些人则变得贫穷。它以剥削为内容，以剥削为基础。这就是说，它拥有与青铜时代的统治秩序中的单方面居有相同的内容。不过这个内容改变了自己的形式。由于它采取了交换形式的相互性，居有便将自己补充给社会交往的一种自足关系，补充给一种遵守纯粹的、反身的所有制规范的交往形式。在这种自身调节的、形成市场的容量（Kapazität）之中，商品交换变成了社会化的一种承载形式。在这种形式中，一种单纯的财产关系网络能够容括社会的生产和消费，无论是奴隶劳动生产还是之后的雇佣劳动的生产。在此，劳动与社会化一开始

---

① Potlatsch 是美国西北部太平洋沿岸的印第安部落的一种分发或者交换礼物的节日，在其中，送出的礼物越昂贵，就越显示送出礼物的人的地位和血缘的尊贵。——译者注

就处于分离的两极。

在具有这一功能性内容的商品交换的影响下，古代城邦发展为纯粹的所有者社会（Eigentümergesellschaft）或古典形态的"居有社会"，即没有生产者参与其中的社会，因为生产者作为奴隶是在所有者的社会的底层完成其劳动的。在此，人们或许可以将占统治地位的、发达的商品往来视作反思的交换，与作为简单交换的原始商品往来区别开。只有在反思的形式中，交换才具有私人交往的特征，即个人的商品所有以及私人结算，而且只有在这一规定性中，它才能变成内在于社会的交往形式。由此可知，第一部分所进行的关于商品抽象和交换抽象的总体形式分析，仅仅对反思形式下的商品往来有效，因为分析所指向的是作为社会化模式，即作为社会综合模式的商品交换。这是居有的一种综合，并且是一种虚假的综合（falsche Syntheis），在这种综合中，社会丧失了对其生活过程的统治，人们的生产力量，即人们生产自己的力量分裂了：一方面是被剥削者单方面的体力劳动，而另一方面是无意识地服务于剥削的、单方面的智力活动。这个财富概念的含义与货币相连，在其中，"价值"无疑是劳动产品，但不是出于生计而劳动的产品，而是社会性和统治性的强制劳动的产品，也可以说成是阶级性的劳动产品。商品价值的这种财富含义与创造商品价值的劳动之作为被剥削的劳动的阶级含义，在历史的长河中就再没有消失，尽管不乏危机断裂（Kriseneinbrüchen）和紧急状态，在这些情况下，这些含义被暂时地遗忘，并需要一种"复兴"来重获新生。

最深刻的危机断裂是古典的古代本身。居有的综合在完成的时刻失灵了。由于生产者是外在于社会网络的，这个网络便取消了自身的经济再生产能力，并依赖于需要不断地重新获得生产者这一过程中的偶然性。从意识层面来看，与近代哲学相反，希腊哲学缺乏构成问题（Konstitutionsproblem）。乔治·汤普森正确地指出：在希腊哲学中，首先发展起来的是唯物主义，而后唯心主义倾向日益明显；而近代哲学的发展趋势则是恰好相反。人的自我发现及其与自然的疏离——社会的综合性网络为此提供了基础——早在6世纪①就已经开始了,在爱奥尼亚甚至还要早一个世纪。哲学从这种经验中发展出来。但是,推论性思维向其完全的概念自治(begriffliche Autonomie)的形成过程,历经了三百多年,从泰勒斯直到亚里士多德,在城邦的存在根据已成问题,城邦自身也已开始解体之时,这一历程才得以完成。

在古代居有社会完全解体(也包括罗马帝国的解体)之后,接下来在封建主义形态中的首要标志性特征是,生产者和劳动者被纳入社会,也就是劳动被纳入居有社会——若不考虑货币依赖性向土地和土地占有依赖性转变的话。在这一发展的最终效果中——我们暂且跳过所有中间环节,在接下来的部分再深入探讨它们——我们今天所面对的是这样的结果:整个居有社会被理解为正处在退出历史的边界上,是由现代生产社会取代它的时候了,而且这一取代正在进行中。

## 6. 古代自然哲学的产生基础

要理解古代自然科学及其在公元前600年左右的爱奥尼亚的产生,人们必须注意到商品交换所导致的社会与自然的分离,正如通过纯粹社会性的第二自然与第一自然之间的区分所表达出来的那样。社会综合通过商品交换而排除了所有实践的自然联系,因为它,即私人商品占有者的社会综合,仅仅建立在他们商品交换的洽谈和签约的决定之上。这与古代社会的实践的反差已经再显著不过了——这一社会以不同的形式(尤其是以迈锡尼文明的形式)统治着过去,并且在这一社会中,尚未独立的个体的社会网络是与自然连接(Naturkontakt)处于不可分割的统一之中。对于综合社会来说——我们对比"原始的"与"综合的"这两个术语,就像对比橡胶与合成橡胶(Buna)一样——除了进

---

① 原文为6世纪,疑为公元前6世纪。——译者注

行思维上的努力之外,似乎不可能以其他的方式来获得关于自然背景的经验和知识了;在这一努力中,以从交换抽象中产生出的概念抽象为基础,史前时代所做的神话学上的虚构被切断了,这为事实的真正确知与方法上的考虑和知性思维创造了空间。

现在,没有什么比如下观念更为不妥、更具误导性的了:在其首次登场之时,商品交换似乎就突然统治了整个希腊城邦。最初,商品交换只能是一个偶然的、附带的事件(zufälliges und episodisches Ereignis)。亚里士多德在其《政治学》中给人以这样的印象:在海外交易中,比如在用产自阿提卡①(Attika)的橄榄油或葡萄酒与产自瑙克拉提斯②(Naukratis)或本都③(Pontus)的谷物的交易中,货币自公元前 6 世纪起就变得必不可少了。此外,推动货币发展的因素,即以资本为反思形式的货币活动,在古典的古代,即直到公元前 4 世纪末,只发生在流通领域内部,而没有侵入生产之中,也就是只作为商业资本与高利贷资本,而不像在近代欧洲那样作为生产资本。这解释了古代自然科学与近代自然科学的不同的知识对象,即表明了古代人的认识是指向自然总体(Naturganze)之特性的,而在近代,研究的目标则是单个现象。在作为生产者和重甲步兵(Hopliten)的农民和手工业者那里,商业思维方式(kommerzielle Denkart)尚未占据统治地位,这一思维方式最初是出现在贵族(Eupatrid)那里,他们让农村的债务奴隶来为他们加工货物,之后在公元前 5 世纪,就交由买来的奴隶(anthrápoda)来处理。按此,最起码在古典时期,生产者至少保有其等级。希腊城邦是围绕着其公共广场、神庙建造起来的。可能的是:传统的交往方式要留存下来,就必然需要复活古代神话,以抗衡与之相对立的条件,尤其是正成长起来的单个人的独立性。《厄庇诺米斯》(Epinomis),即柏拉图为其晚年

--------

① 希腊中东部区名,南和东濒爱琴海。——译者注
② 古埃及二十六王朝时期地中海世界的一座重要的商业港口城市,位于尼罗河支流卡诺比克河口。——译者注
③ 小亚细亚北部海岸地区,西抵庇推尼,东至亚美尼亚高地。——译者注

著作《法律篇》所写的附言①，为信神与被神化的星辰崇拜所做的辩护，听起来就像城邦崩溃的恐怖危险的最后符咒，而后来城邦的确在 4 世纪末还是走向崩溃了。在这部著作中，柏拉图至少还是作为一名哲学家在言说。但人们可以这样问，在希腊，哲学的基础究竟是如何被奠定的？

### A. 经过货币走向"希腊奇迹"的瓦解之路

这里所涉及的不应是作为总体现象（Gesamtphänomen）的希腊哲学，而是奠定希腊哲学之基础的那些关键概念。这里的目的在于对爱利亚学派的存在概念做发生学上的起源解释。在最初的哲学家们的诸概念中，巴门尼德的这一概念尽管是最呆板的、最片面的，但也是最简洁的，深刻地规定了希腊哲学发展的道路以及弯路。我们已经解释过，在历史上，纯粹哲学概念以经由货币的方式获得其形态，并且我们在这种观点中看到了唯心主义精神史传统之外的历史唯物主义的选择，唯心主义想要以思维的方式来解释概念的起源。但是，这种思维只能走进"希腊奇迹"的死胡同；最终，精神史的思维方式是不能解决这一矛盾的，即它应当以历史的方式探寻永恒的普遍概念的历史起源。

我们解释的历史出发点是公元前 6 世纪向商品交换的过渡，并且处于走向商品社会的系列之中，因而也就是对一种不会被磨损的铸币材质的假设，这是一种在商品社会中逐步起作用的隐秘假设。城邦的商品交换只是在边界上发生，并且这还绝没有渗透到城邦之内，以至于上述假设在货币的使命上还不可能发生任何制度性的表现，这些都不是对这个出发点的反驳。上述假设不依赖于这种明确的表现，它内在地存在于铸币中，而且对于敏锐的观察者来说是能够很真切地感觉到的。

---

① 当代有古典研究认为，这实为柏拉图的学生奥普斯的菲利普（Phillip of Opus）所作。——译者注

但现在,应当暂时忽略哲学——希腊哲学或其他的哲学——及其概念,并要求读者自己去努力发现关于货币必须由之制成的材质的一个规定、描述或概念。显然,货币必须具有一种材质;蒂尔·厄伦施皮格尔也不会想象出一块用来购买东西但不具有材料上的实在性的货币。毋宁说,材质必须是真实的,存在于时空当中,并完满地体现出货币价值。但是,这应当如何来考虑呢?"各种曾经充当过商品等价物的普通商品"①中,没有一种唯一符合那使它特别地优越于其他商品的规定,即应当在时间中保持不变。因而,货币必须由一种现实的材质(wirkliche Materie)组成,但它不等于一种存在且可能存在的现实材质,而是一种不存在于感官经验中(in keiner Sinneserfahrung existiert)的材质。因此,它是单纯的概念,也就是非经验的、纯粹的概念,一种非经验的抽象,对这种抽象而言,只可能存在概念的思维形式。尽管如此,这一概念所含的内容,如前所述,不是单纯的思想,而是一种时空上的实在性,其承载着任何一种材质,但它却不是物质性的(stofflich)。思考这一概念的人之中,也没有谁能够自认为,他用感性经验的给予物,通过从特殊到普遍的逐级上升来构成(gebildet)这个概念。它不是被任何人构成的,它已然在此,不需任何推导和背景。作为概念之源的抽象,已然发生在别的地方,而且是以不同于思想的方式发生的。思想所添加的东西,无非是努力为既定抽象进行令人满意的命名,为它找到适当定义过的词汇,以在思想上领会这种同一化(Identifizierung)。为这种现实抽象的要素找到一个恰当概念的第一人,是提出存在的本体论概念的巴门尼德,当然他极少注意到他的概念所承担的是什么,以及这个概念给这些东西强加了些什么。他说,所有物的实在,不是其感性现象,而是唯一的、单独的"一"。这就是说:这无非是说,它是完整无缺的,充满了时间和空间,是不可改变、不可划分、静止不动,无非是说,它不可能消失,因此也不可能是产生出来的。这一概念的思想显然是

---

① MEW 23,72. 参考《马克思恩格斯全集》,第23卷,第72页。

对这里认识到的货币物质本性的片面化和绝对化。由此现实抽象的其他的、同样本质性的特性，如运动和原子性被排除了，这些属性后来必定会被其他的思想家所重视。

人们从这一例子中看到：第一，在交换的现实抽象，或者说交换的不同要素能够强加于意识之前，就需要通过铸造货币而在形式上制度化的货币形式。第二，这种"强加"的确切表达并不采取任何神秘的方式，而是在于对现实抽象的相关因素的同一化之中。因为既然现实抽象无非是纯粹的形式抽象，那么对它的同一化所导致的结果，无非是一种纯粹的概念形成。形成概念的能力与其作为认识"主体"——"逻各斯"、"努斯"、"理智"——的角色，在此才获得历史性的产生。第三，这种同一化消解了已形成的概念的起源和整个起源关联。关于现实抽象的正确的、同一化的陈述产生了错误的意识。因为概念中的同一化将现实抽象的历史性特征转变为没有历史时空（historisch ort-und zeitlose）的思维形式，它的非经验抽象的特征就使它脱离了时空上可定位的事物（örtlich und zeitlich Lozierbaren）的领域。第四，现实抽象的社会-综合功能转变为概念思维的逻辑-综合功能。第五，这种转变将这样产生出来的思维同所有体力劳动和活动不可调和地区分开。第六，这种转变赋予这种思维以思维真理的哲学概念意义上的真理概念，正如这一概念在巴门尼德的存在那里第一次并且最为清晰地表达出来的那样。真理观念是在对必然错误的意识的占有中兴起的。从展开了的商品生产中发源的概念-逻辑的思维方式，执行着思维的普遍社会化形式所不可或缺的功能，这一点的确属于必然发生的异化（Entfremdung）的特征。

希腊哲学的永恒性，即在今天的哲学探讨中它也还是作为不可消逝的尺度被卷入进来这个事实，可以这样解释：它将综合地组成我们的社会的现实抽象的本质内容概念化了。这些就是哲学的概念（Begriffe der Philosophie），或者，如果人们愿意的话也可以说，是哲学概念（philosophischen Begriffe）支配着社会绵延于其中的时间。

但是,我们的社会本身——其以哲学作为精神穹顶——从来对自身都是盲目的。马丁·海德格尔在关于解蔽(αλήθεια),即真理的个人解读方式之中表达出了这一事实。按照他的说法,他适合去探索已陈述出的遮蔽,去解蔽它,如海德格尔所说,去探索它的原因。但是,他并没有这样做,也没有尝试这样做。他只是把它理解为,在解蔽的曙光(Dämmerschein)中沉溺于一种哲学研究的特殊风格。

**B. 历史唯物主义是对起源的回忆**

对早期希腊哲学及其在公元前5、6世纪的起源的研究指向一个严重的悖论:必须追问历史上永恒的普遍概念——前苏格拉底哲学即以这些概念为基础——的历史起源。从唯心主义传统的精神史的立场来看,这一悖论是无解的,精神史的努力结果所导致的总是一再地屈服于曾多次被引用的"希腊奇迹"的评判,当然,今天人们再也不乐于提及这一评判了。这一点很清楚:希腊哲学并未因这种评判而更富荣光,而只是被视为错误的沉思方式。

但是,在我看来,新近的语言分析方法的结果同样是成问题的,比如马林诺夫斯基(Malinowski)、布鲁诺·斯涅耳(Bruno Snell)及其他人,如B. L. 沃尔夫(B. L. Whorf)与E. 萨丕尔(E. Sapir)创造性地应用了这一方法。因为我不能看到,人们在这一道路上,如何能从一种以经验为基础的意识的语言形式跳跃到纯粹抽象的水平。我赞同布鲁诺·斯涅耳所说的:"只有在希腊,理论思维是独立产生的,只有这里才有一种本色的、科学的概念形成。"①但是,在此之前是这句话:"语言与科学概念形成之间的这种关系,严格说来,只能在希腊人那里观察到,因为只有在此,概念是从语言中有机地生长出来。"②哲学家从日常语言的语词与表述中挑出一个术语表,在其中,这些词汇的通常理解的意义在

---

① Bruno Snell: *Die Entstehung des Geistes*, Göttingen 1975, S. 205。
② Ibid. 。

根本上被转化和陌生化了。我不能同意的是,像斯涅耳似乎暗示出来的那样,道路在相反的方向上终止了,或者本来可能终止的,也就是从语言到思维,而非从思想到语言。此外,在我所援引的第二句话的末尾,斯涅耳通过从句中的一种错误表述夸大了他对此的看法。他说:"……因为只有在此,概念从语言中有机地生长出来。"但这只能是说:是概念的形式而非概念本身。语言能为思想者提供的,只是其思想的表达手段,这些思想应该采取概念的形式,也就是说应该称为概念。除此之外,语言分析方法的行家们能用合理的方式提出的便没有什么了。我认为,试图在希腊人的语言发展中来寻找希腊哲学普遍化的起源根据,这个做法是错误的。众所周知的是,最初的哲学家们在命名他们的新概念时,其操作并不完美,这些概念并没有因此而遗失;这些概念趋向于适当的表述,并随着时间的推移而被保存了下来。但是,为何这些永恒的、普遍的东西变成了哲学的基础?是什么赋予了它们哲学意义?

  社会的现实抽象向思维抽象的转变存在着严重不足:对于思想家来说,作为结果的概念是并且一直是不可思议的,因为他们难以接近其起源。在希腊,说到比哲学家们还要有本领的诗人,人们只会想到索菲克勒斯(Sophokles)及其《俄狄浦斯王》这部悲剧。马丁·海德格尔通过其关于真理一词的个人解读方法,提出这个词应正确理解为敞开的东西(Unentschlossene),或者如他所说:解蔽的东西(Entborgene)。借助亚里士多德,他将这个词的词干理解为神圣之物,这在巴门尼德那里是相当有理由的,因为他想从正义女神那里接受他的真理。这可以通过下面这一点来证实:无论是他还是其他任何一个哲学家,都没有通过自己的抽象活动来形成其基础性的普遍概念。抽象发生在其他地方,并且以近乎完成的形态向思想家们给出了。这涉及概念的另一种等级,如亚里士多德在其逻辑学中列举的、作为抽象的教学例子的那些种概念。恰恰因此,那些种概念的起源的不可辨识性及其绝对抽象性具有如此深刻的意义。因为在概念——它们在感官世界中没有支撑,因而其真理不是外在于,而只能是内在于它们自身——那里,对其起源的无知使得理解它们成了难题。它们起源的不可理解性使得对它们的解释成为思辨阐释的任务,换言之,成为哲学的任务。

阿多诺说:

> 使哲学之为哲学的,不在于范畴抽象地现存着,而在于它们是问题,它们仅仅是如此现存着的——因此也在于对立性的运动形式。交换抽象自身是无问题的,因为它仅仅是在交换中作为其条件和结构而发生的。而范畴是成问题的,因为它们与传统的、惯常的意识相矛盾。它们不是种概念(Gattungsbegriffe),而是有着与种概念相对立的特殊的抽象性,是纯粹理想性的;它们不仅与特定的神话的规范意识(Normalbewußtsein)相矛盾,而且也恰好与经验的规范意识相矛盾。
>
> 范畴是被个别地意识到的;每一范畴都有其排斥任一其他范畴的绝对范围,但又与任一其他范畴有着共同的根源,因而不能绝对地清除其他范畴,而必然是与每一范畴相中介。这样的中介是哲学的本质内容。
>
> 巴门尼德惊异于交换客体的特性,即实体;赫拉克利特惊异于在交换中发生的持续的运动中的平衡,即混沌与有序的统一;普罗泰格拉惊异于比例关系。
>
> 交换包含着相互矛盾的范畴,但又是它们的统一;只有当它们被意识到时,它们才是抽象的,并且明显是彼此矛盾着的。
>
> 价值是杂多的统一,是不同感性事物的统一,是诸多使用价值的统一。价值范畴对于其所包含的矛盾来说,是一个托辞。对真理的坚持是相互矛盾的范畴的统一,并且这一对真理的假设迫使范畴相互中介,因为中介才是真理。真理范畴

是交换存在（Sein des Tauschs）与交换范畴的概念之间的差异①。

哲学按照其内在的、体系的一致性展开自身，它拥有引发自身的社会条件，其中最为重要的是为其阶级斗争而需要哲学的阶级，这个阶级必须要主张自身的正当性。

取决于将交换抽象陈述为真理的可能性的有：(1) 为与旧阶级相对立的新阶级辩护；(2) 与手工业的单纯经验相对立的理智的自信，即科学的可能性条件。如下这两方面关系在古典时期是一致的：对生产的理论的-有组织的控制与商业阶级的统治在意识形态上的自我奠基。②

但是，诸范畴之间的互动争辩并不是发生在其纯粹性之中，而是发生在[科学中的]客体身上。范畴的建构，即交换抽象的哲学反映，要求撇开(遗忘)它们的社会起源，撇开所有的起源。而历史唯物主义是对起源的回忆（Historischer Materialismus ist Aanmnesis der Genese）。③

---

① 在"笔记"原文中为差异范畴，参见该书德文版 223 页。——译者注

② 我和阿多诺当时的假设，即波斯战争后出现了一个商业阶级的统治，在根本上是错误的。这种假设在马克思主义的追随者之间广为传播，但却没有人注意到，它是与对马克思的更好的理解背道而驰。对此，只需从"大纲"（即马克思《政治经济学批判大纲》——译者注）中引两句格言。一是已经提到过的："古代人那里，交换价值不是网络(nexus rerum)"(*Grundrisse*, S. 134)，二是还需强调的："古代的自由和平等恰恰不是以发展了的交换价值为基础，相反的是由于交换价值的发展而毁灭"(ibid., S. 156)。——如果大奴隶主(比如雅典的大奴隶主)不是按照商业上的生意人的方式来使用奴隶，那么他们是如何通过占有奴隶而变得富有的呢？在这个关键问题中，我决定同意马克斯·韦伯的猜测：他们将在战争中或是在德洛斯(Delos，爱琴海上的一个岛屿，曾有古希腊最大的奴隶市场——译者注)的奴隶市场上获得的奴隶出租给外来移民(Metoeken，古希腊城邦中长期居住的外来者，不能拥有地产，多从事贸易和手工业——译者注)，他们在自己的作坊中用奴隶来生产武器、化妆品、陶器、家具、鞋等，有些作坊拥有 30 个甚至更多的奴隶。因此，希腊的奴隶主还是收利息者，并能享受其作为 Kaloikagathoi 的贵族悠闲。

③ 特奥多·W. 阿多诺与 A. 索恩-雷特尔，"对话笔记(阿多诺记)"，*Warenform und Denkform mit zwei Anhangen*, Suhrkamp, Frankfurt a. M. 1978, S. 135 ff。

我打算以阿多诺这一精练的、中肯的规定来结束上述引用,尽管在这份对话笔记中不乏进一步有价值的内容。这个笔记尤其还展示了阿多诺那时候(1965年)在何种程度上吸取了我的唯物主义知识-科学理论(materialistische Erkenntnis-und Wissenschafttheorie)。——对于我来说,深入希腊哲学的内容是不合适的,因为我没有接受过人文主义教育,也不会说希腊语。

## 7. 从古典的重生到近代自然科学

在中世纪晚期和文艺复兴初期,即从13世纪开始,意大利萌发出了最早的一批欧洲城市文化。它们源自城市之中封建家族统治的革命性瓦解,这一瓦解是通过人民(Populo)的行会统治而实现的。在中世纪,每一个骑士驻地都是一个城堡——对内团结,对外敌对。

佛罗伦萨大概拥有超过250个这样的城堡,它们被筑起高塔,因为它们的封建统治者想要创造相对于其敌人的更高的优势——沸腾的沥青只能从上到下倾泻下来。至今,在圣吉米尼亚诺(San Gimignano)①,人们仍然可以见到这样的尖塔。

但是,1250年,佛罗伦萨人民(Populo)凭其共同密谋的行会而奋起反抗,这行会"最初被认为是非法的、革命性的政治联盟"(**马克斯·韦伯语**),它战胜了贵族统治,强迫他们将其城堡拆至被允许的高度——25腕尺(Bracci/Ellen)②,禁止贵族公开携带武器,并建立起了"以民为先"(Primo Populo)的行会管理,或者说是人民共和国。在这种管理中,商人势力的行会处于领导地位,并且马克斯·韦伯强调,在

---

① San Gimignano 是意大利中部的小城市,是中世纪古城,有"塔城"之称。——译者注

② Elle 即腕尺,是一个古老的长度度量单位,以一个成年人的前臂的长度为一 Elle。这一单位在意大利的威尼斯和贝加莫地区被称为 Bracci。——译者注

意大利的城市中,人民的胜利一般局限于商人资本已经赢得了对人民,即对手工业行会的领导权。

这种变革是随着对教皇党(Guelfen)的胜利一同到来的,他们将皇帝党(Ghibellinen)流放了。10年之后,即1260年,与教皇党家族联合起来的皇帝党返回佛罗伦萨复辟了。然而,在以民为先的行会统治的第一个10年中,即1250—1260年,人民行会制造出了作为国际贸易货币的金币,并为其首脑建起了巴杰罗宫。需要补充的是,在暴动发生的1250年,出自斯陶芬家族的皇帝弗里德里希二世死于巴勒莫,他是最后一位大封建统治者。

之后的1282年,教皇党恢复了对人民的统治,但这次是持久的统治;1293年,它通过执政团(Ordinamenti della Giustizia)颁布了宪法。最上层的主管机关是行会的长老会议,中间一层是商人行会,最下层是手工业者行会。实际上拥有权力的是中间一层的商人行会;因为只有其成员能够担任国家公职,如督政官(Podestà)、民兵司令(Capitano della Milizia)、执刑官(Confalonieri)。

在对其城市事务的抱负与热心方面,摆脱封建主义的解放可以说是引发了一场爆炸。以下已经建立起来的人民公社的建设规划呈现了这个爆炸的规模:

1283年,新圣母教堂(Santa Maria Novella)

1294年,洗礼堂(Battistero)

1295年,圣十字殿(Santa Croce)

1296年,圣母玛利亚大教堂(Santa Mariadel Fiore)

1298年,旧宫(Palazzo Vecchio)

1301年,圣马可广场(San Marco)

1330年,巴迪亚钟楼(Campanile della Badia)

1334年,乔托钟楼(Giottos Campanile)

以及1284—1328年建立起来的、经过极大拓宽并加固的新城墙(Terzo Cerchio),它拥有15个大门以及73个坚固的塔楼。

这一庞大规划的许多项目一直停留于建起石墙或墙基的阶段；因为佛罗伦萨也遭受了严重的倒退，这次倒退是由 14 世纪席卷欧洲广大地区的封建主义危机带来的，这次危机也波及了意大利。对于佛罗伦萨来说，这场危机使得 1334 年英国国王爱德华三世拒绝归还债务，这使得巴尔迪（Bardi）和佩鲁齐（Peruzzi）的银行濒临破产，并且佛罗伦萨花掉了用来执行城市建设规划的财富。

1348 年，瘟疫，即令人恐怖的黑死病横行，这导致整个城市大约三分之一的人口死亡。接下来，1378 年发生梳毛工人（Ciompi）暴动，即被剥削的、陷于贫困的纺织业的经销劳动者与家庭手工业者暴动，也就是为商人资本生产贸易商品的羊毛工业、印染厂的工人暴动。1382 年，社会内部结构才又能重新建立起来，在其中，人民取得了根本性的胜利，即商人资本建立起统治地位。并且，已知的是，在这种寡头统治内部，**科西莫·德·美第奇**（Cosimo de Medici）在接下来的一个世纪，即 15 世纪之初，获得了他所热衷的商业与政治霸权——而且他没有任何公开的职务与徽章，如果有这些的话，他那精明的特长便会变得有争议了。100 余年之后的 1531 年，美第奇家族终于获得了佛罗伦萨公爵的头衔。

国际贸易——在其中，佛罗伦萨的大商人变得富有起来——的内容主要是羊毛织物，其部分地由**呢绒商公会**（Arte della Lana）通过家庭作坊生产提供，但部分地是来自佛兰德（Flandern），经由香槟（Champagne）的市场生产，并由**毛织品公会**（Arte di Calimala）染色与精加工，为的是运进阿拉伯人的黎凡特（Levante）并直到巴格达，运进东罗马帝国直到拜占庭。因此，如下这点对于佛罗伦萨人来说意义最为重大：1406 年，他们战胜了比萨人，能够接管可以辐射更远的港口，并由此得以自行装载商品。

1386 年，佛罗伦萨的建设活动重又开始，但是这在 15 世纪初期才达到**全盛**，而且是凭借灵感与艺术家统治，似乎它们要与 13 世纪 90 年代的历史时期接续起来。这一时期涌现出了一系列不平凡的艺术家：

菲利波·布鲁内莱斯基(Filippo Brunelleschi,1377—1446)

建筑师与工程师

洛伦佐·吉贝尔蒂(Lorenzo Ghiberti,1378—1455)

雕刻家与金属铸造师

多那太罗(Donatello,1386—1466)

雕刻家;帕多瓦的《迦塔梅拉达骑马像》

米凯洛佐(Michelozzo,1396—1472)

雕刻家与建筑师

马萨乔(Masaccio,1401—1428)

画家

保罗·乌切洛(Paolo Uccello,1397—1475)

画家

卢卡·德拉·罗比亚(Luca della Robbia,1399—1482)

雕刻家

莱诺·巴蒂斯塔·阿尔贝蒂(Leon Battista Alberti,1404—1472)

建筑师

皮耶罗·德拉·弗兰切斯卡(Piero della Francesca,1424—1493)

画家

接下来还有波提切利(Botticelli,1445—1510)、莱昂纳多(约1452—1519年)以及米开朗基罗(1475—1564年)。

这些名字概括了一种独一无二的艺术上的首要地位,佛罗伦萨由此而成为欧洲文艺复兴时期具有代表性的艺术之都。特别吸引我的是这些人作为体力生产者、手工业者与艺术家的结构性地位。

按照行会秩序,艺术家是手工业者,与中转行业(Verlagsgewerbe)中的织工、染工同属最低阶层。在学徒期,他们被分配在一个车间中,以便获得初步的教育。按照行会规矩,一个像多那太罗这样的雕刻家是一个单纯的"taglia pietro",即石匠和建筑工。当然,他、布鲁内莱斯基、吉贝尔蒂、乌切洛以及其他人都学过金匠。这些从属于行会的手工劳动者的成就支撑起了他们那富丽堂皇的、属于他们的城市的建设；并且，每一座教堂、每一条街道、每一座大桥、每一段城墙，或是庞大的建设规划的其他部分的建设，都是整个城市社区的市政事务——不再像从前封建主义时代那样，是贵族或主教独有的伟大行为。与之相应，现在更为华美的、结构上更富艺术气息的是建筑。这首先涉及成长为建筑师的手工业者。布鲁内莱斯基于1402年——极有可能是与多那太罗一起——去罗马，参观罗马时代废墟上的残余绘画。此时，他牢记了透视现象和光学现象；然而，如果要能够理解、研究它们，他还缺乏能用于其总体实践（gesamte Praxis）的数学。

回到佛罗伦萨后，他与保罗·托斯卡内利（Paolo Toscanelli）取得了联系，后者是出色的佛罗伦萨数学家、天文学家，是库萨（Cusanus）与雷吉奥蒙塔努斯（Regiomontanus）的朋友。托斯卡内利是一个开明的人，但是他还是以传统学院派的方式来从事数学，这与布鲁内莱斯基传给他的建筑实践问题相甚远，以致他用他的问题将这位高深的学者置于极度的混乱之中。一般来说，处于上升期的手工业的人工成果（manuelle Leistung）和文化与中世纪的理智之花的联盟——这最初发生在布鲁内莱斯基与托斯卡内利之间——代表了文艺复兴的根基，而佛罗伦萨则是这方面的典范。但是，托斯卡内利发现了这位学徒极高的数学思维天赋，直到后者1446年去世，40余年间，他一直是其朋友与老师。托斯卡内利比布鲁内莱斯基活得长，并极为赏识他，他高度评价了这位学徒，并且相信后者的收获要比他所能够给予的多。布鲁内莱斯基在科学的意义上理解了他的目标，但并不是将之理解为古人的或中世纪学者的目标；他将之称为 *Scienza nuova*，即新科学，200年之后伽利略还能看到它。

布鲁内莱斯基最杰出的成果是圣母玛利亚大教堂的穹顶——的确如此。这不仅仅因为这个穹顶比以往的任何一个穹顶都要大，都更为困难，它比罗马万神殿和拜占庭的索菲亚大教堂（Hagia Sophia）的穹顶大，甚至也比之后的罗马彼得大教堂以及伦敦的圣保罗大教堂的穹顶都要大；而且是因为他以自己独有的，也是备受争议的创造性，在未使用内部建筑支架的情况下来完成它的。他是1421年开始这些工程的，同年，他还完成了Ospedale degli lnnocenti，即佛罗伦萨的育婴堂。他通过水平走向与垂直走向的平衡，为建筑学上的文艺复兴风格奠定了基础。1436年之后，即穹顶建设完工之后（当然还没有挂灯），布鲁内莱斯基忙于比萨、卡斯特皮萨诺（Castel Pisano）以及艾斯塔尔（Eisatal）的城堡建设以及阿诺（Arno）河、波（Po）河的堤坝。阿诺河在1333年以一种近乎灾难性的方式发生改道，1966年又发生了一次。

但是，在布鲁内莱斯基的作品与典范之后，接下来佛罗伦萨的艺术家们发展得如何呢？他们是如何突破行会管理的狭小范围的呢？接下来的运动是方向的翻转，在这个过程中，艺术家通过学者的创造性而非艺术家的创造性来获得精神上的教养。工匠——他们还是体力劳动者——对数学的掌握要求脑力劳动与体力劳动的统一，这构成了文艺复兴独一无二的成就。一般说来，这是作为从封建主义奴役中解放出来的成果而发展起来的，文艺复兴凭借其革命性的推进而造就了这一成果。因此，它开始沟通中世纪时期讲拉丁语的学者阶层与作为劳动人民的文盲阶层。在整个文艺复兴时期，脑力劳动与体力劳动的统一都在发展，并在文艺复兴到近代的过渡界点上得到完成。在这一过渡中，这种统一又骤变为科学与工业雇佣劳动之间的新鸿沟。在文艺复兴时期手与脑的统一的发展过程中，可以发现一条数学思想从工匠到工匠的进步的阶梯，贯穿着15和16世纪。

1434年，在布鲁内莱斯基还在世的时候，一位不同凡响的人物——莱诺·巴蒂斯塔·阿尔贝蒂——在佛罗伦萨安了家，他倒转了方向，并承担起了对艺术家的教育工作。阿尔贝蒂来自一个佛罗伦萨贵族家庭，这个家庭曾被驱逐，之后在法国兴旺起来。但是，1428年，佛罗伦萨取消了禁令，并允许莱诺·巴蒂斯塔回国。他在帕多瓦完成了中世纪文科中学的三学科（Trivium）①与四学科（Quadrivium）②，并在博洛尼亚结束了大学学习。他完全不同于手工业的从业者，毋宁说，他是一位典型的学者。但也因此，他具有极高的艺术天赋。阿尔贝蒂的志趣在于艺术，将其作为他的专门的对象。他在佛罗伦萨创作了12或14部著作，这使得他成为第一位闻名于整个意大利的著名艺术与手工技术理论家。此外，莱诺·巴蒂斯塔还是一位伟大的剑士、杰出的骑士，而且还是一名竞技运动的健将。因而毫不奇怪的是，雅克布·布克哈特（Jakob Burckhardt）将之尊崇为文艺复兴时代之人的典范。

起初，阿尔贝蒂到作坊中拜访了艺术家：布鲁内莱斯基、多那太罗、米凯洛佐、吉贝尔蒂、卢卡·德拉·罗比亚，跟他们成了朋友，并向他们耐心地反复介绍透视法的要素、数学的初步概念、色彩学、金属铸造以及人体解剖学的法则。这可不是小事，因为这必须用通俗的语言讲出来，而这些东西还从来没有用这样的语言表述过；此外，不仅缺乏必要的词汇，而且语法也尚不明晰。人们如何能使一个体力生产者明白，一个数学上的点，不是一个污点或污痕，而是一个纯粹抽象的、完全不可直观的概念？大约100年之后，纽伦堡的阿尔布雷希特·丢勒（Albrecht Dürer）面临同样的困难。

阿尔贝蒂从其与艺术家的交往中获得了经验与知识，将其在著作中更为准确地表述出来。他创作这些著作时，大部分使用的是拉丁语以及一种他自己首创的托斯卡纳（toskanischen）书面语言。

阿尔贝蒂的著作——那时还只是手稿——有一些失传了，现存的有：

《论绘画》(De pictura, della picture)

关于绘画艺术

《论雕塑》(De statua)

---

① 指语法、逻辑与修辞。——译者注
② 指算术、几何、天文与音乐。——译者注

关于人体雕像及其骨架，这是献给多那太罗的

《论建筑》(Dell'architectura)

提献给布鲁内莱斯基

《建筑学十书》(De re aedificatoria)

未完成；计划作为百科全书式的作品集，以作为维特鲁威(Vitruv)难以理解的《建筑学十书》的补充①

《论家政》(La cura della famiglia)

家政

最后是《托斯卡纳语法》(Regulae della lingua Toscana)

语法与百科辞典

这部最后列出的著作是第一部关于通俗语言的语言学作品，并且在其发展中对书面语言和艺术语言发挥了非常重要的作用。虽然阿尔贝蒂是为通俗语言在奋斗，但他在佛罗伦萨也没有放弃对拉丁语同样的关注。

对拉丁语的坚持表达出了对学院式的思维习惯和学究气的坚持，因而对文艺复兴所生发的解放潮流来说是一种阻碍。毫无疑问，时代的长期趋势是通俗语言的地位提升，而且阿尔贝蒂正是被来自他与艺术家构成的共同体的经验所激发，凭借着强烈的信念而献身于这一目标的。

完全与之相反的是15世纪的人文主义(Humanismus)运动，它是与古典时代及其文献的复活，即所谓的"文艺复兴"相伴而来的。这个浪潮是在有教养的人群（尤其是诗人）中间，由或多或少出于真诚的，但却越来越做作的对希腊语和拉丁语的热情而产生出来的。他们轻蔑地拒斥通俗语言及对它的赞扬。

但是，阿尔贝蒂相信通俗语言肯定有着更大的机会，甚至他在

---

① 维特鲁斯又名Vitruvius或Marcus Vitruvius Pollio，古罗马建筑学家、工程师和建筑理论家，生活于公元前1世纪，著有《建筑学十书》，是第一本全面介绍建筑的拉丁语著作。——译者注

1441年冒险尝试将其置于与拉丁书面语言相同的地位。科西莫一世（Cosimo I.）同意了他的评价，并计划使托斯卡纳语（Toskanishce）成为学术语言。

通过皮耶罗·德·美第奇（Piero de Medici）——科西莫之子——的斡旋，他宣布要进行一场竞赛：在1441年10月22日，在大教堂以通俗语言公开朗诵一系列关于"论友谊"（de amicitia）这一主题的原创诗歌。胜利者将获得银质花冠，上面刻着这次比赛的名字"交锋之冠"（certrmen coronario）。

这立即成了民众以及国家的一件大事。习惯于在大教堂中诵读自己诗作的人文主义者和文学家，不计其数的民众，但也有领主（统治者）、大主教、高僧以及10位仲裁人——其中的波焦（Poggio）、弗拉维奥·比翁多（Flavio Biondo）和奥利斯塔（Aurista）被视为最有创造性的人文主义者，这些人坐满了观众席。但是，公众转而反对通俗语言，支持拉丁语的特权，现场呈现出一边倒的情况，以至于竞赛完全难以进行。花冠被锁进了大教堂的橱柜里，这次尝试以拉丁语在佛罗伦萨官方及文化文献方面的垄断地位又一次得到巩固而告终，直至16世纪。

为了掌握一个时代的根本，人们必须将之作为生产关系来处理。我已经说过，我对于当时"生产者"（Produzenten）的地位十分感兴趣，或者说，对在一个时代中被普遍称为生产者的那些人的地位感兴趣。在文艺复兴时期，生产者是这样的劳动者，他们通过从封建主义的奴役中摆脱出来而成为住宅与作坊的所有者，并由此变成他们的直接的劳动条件，并且为了确保其生产地位，而与其他相同专业的生产者联合为一个行会。

他要经过专业学徒期，为的是学会读写和计算，摆脱文盲状态，在获得解放之前，他们曾被禁锢在这种状态之中，与中世纪的脑力劳动者的拉丁语统治相对。奥勒斯吉（Olschki）将文艺复兴时期的生产者称为"进行实验的工匠"，因为其发展到了体力劳动与脑力劳动相统一的阶段；在此，其在手工劳动的实践中不再阻碍艺术创造力，因此也不再阻碍放松行会的强制。

无论如何，佛罗伦萨的情况明显是这样的。在这些工匠的精神教育和艺术方面，数学得到了高度利用。对此，一个显著的例子是**皮耶罗·德拉·弗兰切斯卡**(Piero della Francesca)，他是继布鲁内莱斯基与阿尔贝蒂之后的重要艺术家。卢卡·德拉·罗比亚称他是"我们这个时代的绘画之王"(Il monarca della pittura Ii nostri tempi)。他是一位在思维水平与精神高度上最接近莱昂纳多·达·芬奇的画家。在15世纪中叶，他出版了一本关于透视法的小册子。我从我父亲那里得知，他还在杜塞尔多夫艺术学院时，就从皮耶罗的作品中学会了透视法。

在他的小册子中，皮耶罗按照数学演绎的方法来处理问题，凭借这种方法，如奥勒斯吉所强调的那样，他已经掌握了投影几何学和笛卡尔的"依几何学方式证明"(more geometrico)的方法。在去世前的1492年，他几乎失明了，但依然创作了一篇小文章《论规则的形体》(de corporibus regularibus)，论述他从《蒂迈欧篇》(Timaios)中提取出来的规则多面体。因而人们可以说，在众多文艺复兴的艺术家中，皮耶罗是第一位自己掌握数学的，但毋宁说他是以柏拉图式的思辨方式来理解数学。

不过，阿尔贝蒂的另一个重量级的后继者**弗朗切斯科·迪乔治·马丁尼**(Francesco di Gliorgio Martini, 1438—1502)弥补了这一点。在其《论城市防御建筑》(Trattato di Architettura civile e militare)中，他将对数学的尚不精细的理解应用于炮兵火器的防御工事问题上——这些火器是在之前那个世纪的中叶发展并传播开的。土耳其舰队也因装备了大炮而极具威胁。因而乔治·马丁尼的小册子具有很高的实际意义。

在这本小册子中，他详尽地研究了所有类型的大炮的管道长度和宽度与深度之间、炮弹的重量与火药量之间、不同角度下爆破力与弹道之间、飞弹的距离与效果之间、城墙的抵抗力与炮弹的撞击力之间的质量关系，并相应地研究了应当如何按照这些关系来建造防御工事，城墙的高度与宽度是多少，是直线的还是多边形的，等等。但是，他也强调，除非炮弹的弹道学被确定下来，否则所有这些个别项都不能得到界定。众所周知的是，这在100多年之后才发生，即伽利略将飞弹曲线规定为抛物线。

自1453年和1480年拜占庭与在亚得里亚海入口处的奥特兰托相继陷落以来，整个意大利因土耳其的威胁而噤若寒蝉。不仅仅是意大利。很多时候，人们会从乔治·马丁尼那里联想到丢勒及其在1527年为纽伦堡提出的防御工事学说。毕竟，1528年，土耳其人推进到了维也纳城前。

在意大利，**乌尔比诺**(Urbino)城是这种恐惧感的中心，但同时也是做抵抗准备的中心。费代理戈·达蒙泰费尔特罗(Federigo da Montefeltro)是意大利盟军元帅，他拥有一座独特的、归其自己所有的专门的数学图书馆。在15世纪下半叶，对于那些最出色的工匠来说，数学变成了一个十分重要的焦点，对于来自佛罗伦萨的、正处于人文主义在那里开始不断蔓延——自从洛伦佐·德·美第奇(Lorenzo de Medici)(1460)在佛罗伦萨不遗余力地建立起柏拉图学院以来，这种情况开始了——时期的工匠们来说亦是如此。

马丁尼虽然先前已经由费代理戈任命在其城中工作，但他之后又到莱诺·巴蒂斯塔·阿尔贝蒂那里去学习，此外还跟随皮耶罗·德拉·弗兰切斯卡、卢卡·帕乔利、曼特尼亚、布拉曼特、米凯洛佐、莱昂纳多等学习过。

在已经达到数学思维高度的工匠中，**莱昂纳多**自然是更胜一筹。但是，他的情况是奇特而复杂的。他不是**一个工匠**，而是集一个半或两个工匠身份于一身。一方面，他是一位画家，因而凭借其感性的人格特点而登上了感受性的最高峰；另一方面，他作为一名实验的民用和军事工程师，在纯粹思想的灵感中进行探寻自然规律的试验，这些规律以对感官的感性世界的完全抽象为前提，并留下了上千张手稿图纸。作为画家，他像文艺复兴时期那些与他在业务上相竞争的其他艺术家那样，利用了手工工具；在其思想的沉思中，他追求着一种能够用来与杠杆工具、重物的等重关系、自由落体的斜面以及规律性一起进行实验的概念工具(begrifflicher Apparat)。但这还是停留于实验阶段；他从未实现突破，即未将规律自身以概念的方式(begrifflich)表达出来。他大量使用符号而不是文字上的精确化来帮助自己，这些符号应当是技术性符号，但实际上却不是这样的。他明白，只有数学才能帮助他达成目标。但是，在自然天赋方面，与布鲁内莱斯基、皮耶罗，特别是丢勒相反，他缺乏数学思维。因而他对自然科学的推进差不多只是停留在狂想阶段。他晚年曾对法国弗朗西斯一世国王表达过深切的遗憾，说自己在这上面浪费了太多用来进行艺术创作的时间。

一般说来，在一个时代中流行的自然观根本上依赖于生产者结构(Struktur des Produzenten)，或者按我们所说的，依赖于同时代人所认为的生产者的特定的特征。这在 16 世纪——这是从文艺复兴向近代过渡的世纪——就能找到具体的例证。

手工生产者的基本经验在于，当劳动停止时，由于他们的产品已经完成了，那就开始休息了。对于这些生产者来说，关于物之本性(Natur der Dinge)的**静态的惯性概念**(*statischer Inertialbegriff*)是不成问题的，但力的消耗或**活力**却是问题——他们的劳动的发起和过程之中都要求有这种活力，他们将这种力量作为内在的属性转移到自然的运动进程上去。

这听起来像是将**迈克尔·沃尔夫**(Michael Wolff)那细致的探讨幼稚地粗疏化了，他以将近 400 页的篇幅对活力论及其历史做了全面的考察。但他同时也强调，活力论是与一种"传递因果性"(Übertragungskausalität)相关联的，并且一般来说，这种理论既不能以感官知觉的方式，也不能以概念论证的方式从经验的对象领域中获得其根据。

换言之，**活力论是一种关于运动的手工业的人格化论**

(Anthropomorphismus)。活力论属于农业劳动者和手工劳动者的宗教；在中世纪的欧洲，这些劳动者取代了古典时期的奴隶。这样一种"理论"只是在这样的时代中才是可以接受的：当时，所谓力学问题不是借助头脑而是借助双手，也就是说，借助人工实践(manuelle Praxis)的手段而被克服，而不是凭借理论思维的手段来解决。那时，一种技术论证以可显示的案例为支撑，而不是建立在一种证实了的规律性之上。由此，莱昂纳多是第一个实现突破的人；但同时，莱昂纳多重提活力概念来解释机械的力的概念。活力概念可以说标志着文艺复兴时期思维习惯中的根源(Verhaftung)。它还影响了最为进步的意大利数学家，如塔尔塔利亚(Tartaglia)、贝内代蒂(Benedetti)、卡达诺(Benedetti)、费拉里(Ferrari)，而在 16 世纪下半叶——前四位部分地处于这个时期，近代思维在哥白尼、开普勒，特别是伽利略那里出现了。但是，是什么造成了这一转向的发生？什么情况的发生能够解释它？在此，我引用恩斯特·卡西尔的一句话："科学史向我们提出来的所有问题之中，探寻精确科学之起源的问题，从纯粹哲学的观点看乃处于第一的位置。"①

虽然问题是如此棘手，但解决路径却是清晰的：生产关系已经发生了某种改变。商业资本主义已经过渡到生产资本主义(Prokduktionskapitalismus)。但是，如何解释数学式的自然科学呢？我相信，它必定可以由此而得到解释。这从未如此复杂，以至于人们必须足够敏锐地发现从新的生产关系中生长起来的、因计划而出现的新型生产者。这是一种最富矛盾的趋势，即一个生产者根本就不再生产任何东西。毋宁说，他仅仅是以其货币为工具来控制生产过程，他用这些货币买齐其项目所需的要素，物品的要素、人员的要素及其所需的专利这样的精神要素，等等，因此这货币是作为资本来使用的。从这些要素的适当配置与组合(Montierung und Kombinierung)，再加上被假设

---

① *Philosophie und exakte Wissenshaft*, Frankfurt a. M. 1969, S. 39.

为独立的劳动力，便产生了一个运行着的生产过程。这个过程的运转，无需生产者动手。因为如果生产者必须动手，那么他就不再是作为资本主义生产者而活动了，在这个意义上毋宁说他是失败的。换言之，资本主义生产者的特征被假设为：他所负责的生产的相互关联的物质整体（zusammenhängende materielle Ganze der Produktion）构成了一种有效的**自动机制**（selbsttätgier Mechanismus）。如果不是这样，那么对于生产者来说，以单纯赚钱的手段来控制他的生产企业将是不可能的。那么，明白地说，整个生产资本主义将是不可能的。

虽然这种假设暗含了生产机制的自动性，然而这一点通常被忽视了。马克思自己也回避了这一点。但是，我相信，能够在这一假设中认识到精确量化的自然科学的产生原因。

在资产阶级的精确的自然科学的典型特质中，这一洞见延伸到对如下问题的回答上：一个完全按照占有组织起来的社会是如何成为所有时代中最有生产效率的（produktionslustigst）？它是以何种方式克服交换流通的所有社会联系（alle gesellschaftliche Relationen）中占有逻辑与作为商品的占有对象的生产之间的矛盾的？对这些问题的回答要求将这两个步骤联系起来：首先是一种以数学方式理解的理论假设的提出，其次是对这一假设的实验检验。这些假设是将成问题的现象转译为一种采取机械系统形态（in Gestalt eines mechanisstischen Systems）的纯粹占有逻辑的术语。恩斯特·卡西尔已经指出了精确科学与机械论之间的关系，但他并没有解释这一关系。对此可做如下解释：机械论源自交换行为的物理性，是从抽象的知性思维的范畴中推导出来的。假设将成问题的现象表述为占有逻辑的纯粹概念，它完成了这些现象与社会的一般理解的同逻辑化（Homologisierung）。但是，它保存了这种社会逻辑同现象的实际现实性（Tatsachenrealität）之间的距离。这种距离要求它通过实验来沟通。实验是与实验上的隔离原理相关的，也就是说，是要排除所有不属于现象之本性的，也许只是偶然地、临时地附着于现象之上的干扰因素，以至于现象就其根本的本性而言,只经受实验的检验,由此实验的结果就具有不可变性、可重复性和可信性,这些是一位企业家从一台他将要投资的设备中能够获得的。现在实验结果是一个合并起来的事实,在其中,工程师能够做技术上的拆卸,由此获得可用的机械装置,它们被送到劳动者的手上,这些劳动者能够利用它们实现生产的目的。

这是这样一种循环,在其中,开头提出的问题有了答案;正如卡西尔也曾补充过的,这个答案不能仅仅基于一种唯心主义的认识理论而被推导出来。并且因此,如果卡西尔从一种对精确科学的解释出发来确保一种特别的哲学推论,那么他有可能是正确的。

## 8. 作为脑手分界线的数学

在伽利略的功绩中,新颖而又杰出的是开创了数学在自然现象上的应用。现在,我们关于数学的形式分析所得出的是其两方面的特性:首先数学标志着社会化形式中的思想特征,其次它在与手工劳动的区分中将脑力劳动标示出来。我们现在特别感兴趣的是这两种本质特性的关联。

这里是在何种意义上考虑"数学"的? 数学存在着不同的形式、不同的工具。数学以我们习以为常的形式形成了一种无矛盾的、严格演绎的学科,这种建立在特定的原理和假设之上的学科确保了清晰的结论。其任务是做出量上的区分,这种区分是可以在数中来定义的。数学的这种样态是公元前6、7世纪希腊人的发明。与之相关的最早的名字是泰勒斯与毕达哥拉斯,前者生活于公元前630年,即吕底亚和爱奥尼亚相继出现最早的铸币大约两代之后,这位在爱奥尼亚生活的米利都人,开启了概念性的反思思维;后者生于萨摩斯(Samos),公元前540年前往南意大利的克鲁顿(Kroton),并且极有可能亲自负责在此建立了铸币厂。他直接将数等同于物的本质。在当时的爱琴海地区,米利都与萨摩斯成长为商业活动中两个相互竞争的主要中心。由于铸币明确地证实了发达、广泛的商品经济的存在,数学的演绎逻辑从始至今的影响便可以被视为一个整体,尽管它就像商品生产一样也经历了变迁。就它的功能由于电子机械化而发生的变迁而言,这种数学无疑不是其影响的最后形式。同样,它也不是其最初的形式。

主要是在埃及人那里,一种不同类型的"数学"先于希腊人的发明出现了。在那里几乎所有的建筑活动中,测量术提供了不可或缺的帮助,由于其在土地丈量方面的应用,而被希罗多德称为几何学。但是,它是被作为绳尺的出色的辅助手段,并且被人们当作专业手艺来训练,希腊人在翻译它在埃及的专业名称时,将之称为"绳量师"(Harpedonapten)①,字面意思就是"拉绳者"(Seilspanner)。如伯内特(Burnet)已经注意到的,这一名称所表达的,更类似于我们的园艺,而不是数学。莱茵德莎草纸(Rhind-Papyrus)中发现的教科书或练习册以及一些埃及浮雕图清楚地表明,这些绳量师通常与地位更高的法老的官员一同出现,服务于庙宇和金字塔的建筑,灌溉水坝的设计和构筑,仓库的设立和库存测算,从尼罗河汛期之后重新出现的耕地的重新分配(为了确定来年应缴赋税),以及诸如此类的其他功能。如果绳尺的使用和操作是借助精湛的技艺和长时间积累的经验知识来实施的,那么可以想象的是,可能并没有多少几何学问题在测量操作中借助这种辅助手段而得到了解决。这些问题中还包括角度的三等分、容积的扩充与减小、立方体的加倍以及测量 π 的大小[阿默士(Ahmes)得出的结果是 3.1604],等等。这种技术所能涉及的显然只是近似值,尽管其近似的程度偶尔会令人惊奇;这一点是显而易见的,但这是与"数学的精确性"要求相矛盾的,即便当时有这样的概念,也可能会被这种"几何学"的实践家们看作单纯的学究气。绳量技艺的活动不过是一种测量

---

① Harpedonapten 是古埃及的一个具有神圣性质的职业群体,在建筑和农业活动中借助打结的绳索进行丈量和测算,其最广泛运用的工具就是十二节绳尺,根据勾股定理产生直角。此处译为"绳量师"。——译者注

实践,但是这种技艺非常娴熟,其成果即使不比希腊人的技艺更丰富,也与希腊人的一样丰富。显然,在古印度也有这种技艺的开端,那里最早的几何学教科书直接名为《绳量术》。以此为基础,再结合印度的计数法,在那里经过两千年甚至更长的时间发展出了一种几何和算术的技艺与知识,这是与欧洲的希腊几何学和数学并列的创举,要早于阿拉伯人,后者在8、9世纪才开始将二者纳入伊斯兰传统。根据约瑟夫·尼德姆(Joseph Needham)[①]的研究,关于这一传统财富,中国与整个远东地区的知识至少是同样古老和成熟的。

当然,从我的立场出发的话,我不会将来自青铜时代或更古老时期的传统与希腊人所创造的数学传统等量齐观。希腊人用直尺、圆规代替了埃及人成套的绳尺工具,从而如此深刻地改变了以前的测量术的知识,以至于由此生长出一些全新的东西,正是我们所说的数学。绳量技艺(Seilkunst)是一门手艺,它只能由它的实践者来使用,并只能用于测量计划指定的地点。脱离这一点,它便失去了意义。离开精心细致的活动,它也不能对其几何学内涵进行任何独立的阐述。绳尺按照每一个测量装置、每一项测量"措施"向前移动,在任务的完成过程中,它必须从一处带到另一处,所以根本不可能直接产生"几何学阐述"之类的东西。关于任务的几何学在其实践结果中消失了,这个结果只适用于当前的情况。当然,在培训过程中,必须将绳量技术中重复的东西教授和展示给绳量师,在阿默士看来,其中的一些内容似乎表达出了几何学的规律。M. 康托(M. Cantor)、希思(Heath)、D. E. 史密斯(D. E. Smith)以及其他数学史学家推测,必定存在着先于阿默士的练习册出现的真正的教科书,应该去搜寻这种教科书,然而这不过是我们自己观念的一种反映罢了。

希腊人才是几何学阐述的辅助工具的发明人,并且这不是产生自被拉紧的绳索,而是来自线条(Linien),这些线条沿着直尺画出或用圆

---

[①] 即李约瑟。——译者注

规画出；这些线条停留在底板上，并与其他同样的线条一起展现出一种持续的关联(Zusammenhang)，在这关联中，几何学的合规律性被认为具有内在必然性。这些线条及其关联并不与它们所服务的任何测量地点捆绑在一起，并且它们的绝对值是可以选择的。因而测量几何学变成了完全不同于测量本身的某种东西。手上的工作服从于一种纯粹思维努力，后者的目标只是对数量和空间的形式规律性的理解。其抽象内容不仅独立于某种特定的实践目的，而且独立于任何实践目的。但是，为了使其从实践任务中解放出来，就需要引入一种纯粹的形式抽象，并在反思维中对之做出理解，而这只有通过交换和商品形式的普遍化才能实现，这二者是处于社会内的交往及其与某种统一硬币法定纯分(Münzfuß)的普遍关联中的。

不言而喻，从埃及的绳量师的测量技艺到希腊人的几何学的这种颠覆性的变迁，并非毕其功于一役，而是经过了数百年的曲折历程，而且是借助生产力的深刻发展以及与之相应的生产关系的改变而实现的。只需看看希腊几何学在泰勒斯那里的发端，这一点就清楚明白了。泰勒斯的发明被用来测算船只与海岸之间的距离，这个发明将作为数学家的他与这个传统密不可分地联系在一起。对此，绳量术当然是没有用武之地了，这里的这个例子使得如下两个世界般的差异变得显而易见：建立在农业剥削之上的仍处于青铜时代的埃及人和美索不达米亚人的内陆经济与以航海、劫掠和商品贸易以及因炼铁技术而得以可能的"小农经济与独立的手工业生产"①为生产形式的希腊城邦之间的差异。希腊新的货币经济的财富的形成并不源于土地，也不源于手工劳动者的作坊，至少它不在奴隶取代手工劳动者并使这些手工劳动者成为贸易商品的来源之前。它只源于流通的落差，并且如恩格斯所说，是商人资本与高利贷资本的产物。

对于希腊人的"纯粹数学"来说，根本的一点是，它发展为脑力劳动

---

① Marx, MEW23, 354. 参考《马克思恩格斯全集》，第 23 卷，第 371 页，注释 24。

与手工劳动之间不可逾越的分界线。在柏拉图那里,数学的这种理智意义完全被主题化了,欧几里得在其《几何原本》(*Elementen der Geometrie*)中将其视为古希腊时代不朽的丰碑。显然,这部著作的产生只是为了阐明:几何学作为演绎的思维关联,其自身支撑着自身,在这个意义上它是自足的。在此,纯粹思维的枯燥无味和人为性(Synthetik)被推进得如此深远,以至于它没有认识到人与自然之间的物质交换,无论是就原始资料和辅助工具而言,还是就目的和用途而言。在希腊精神的这座玻璃房中,完全像在商品的价值对象性中那样,"连一个自然物质原子"也没有掺杂进来。这是第二自然的纯粹的形式主义,并且其特性间接地造成了如下状况:在古代,货币的资本形式,即第二自然的功能主义,最终还是没有什么创造性,即尽管劳动去奴隶化了,但是就生产上的使用整体而言,被释放出来的劳动力并没有获得显著的提高。这一点可以从如下情况反推出来:在欧几里得之后的古希腊的发展中,也就是在阿基米德、伊拉特斯提尼斯(Eratosthenes)①、阿波罗尼奥斯(Apollonius)②还有传说中埃龙(Heron)③等人那里——在他们的数学中已经能看到运动抽象的要素了,与此相关的技术应用仍然只服务于军事或竞技的目的。力学没有放弃静态框架,因此还是根植于作为唯一的惯性状态的静止。这不能只归因于劳动的奴隶化,因为这贯穿了整个中世纪甚至持续了更久的时间。这种情况同样存在于资本形式中的第二自然的发展中,这些形式虽然能够从物的特定状态中将其用途抽出,但却未能以深刻变化了的方式深入这些物之中。

---

① 伊拉特斯提尼斯(公元前 276—公元前 195/194 年),古希腊数学家、地理学家、天文学家和音乐理论家,地理学的开创者,第一个测算地球周长的人。——译者注

② 阿波罗尼奥斯(约公元前 262—公元前 190 年),生于爱奥尼亚,卒于埃及亚力山大里亚,是继欧几里得之后最重要的希腊几何学家,著有《圆锥曲线》(*Conics*)。——译者注

③ 埃龙,古希腊数学家,擅长测量,给出了多种求图形面积和体积的定理和公式,最著名的是已知三边长求三角形面积的"海伦公式"。生卒年份不详,据推测约在公元 1 世纪。——译者注

研究活动为了工业利益,必须决然地独立于这种利益,与之隔离开来。按照占统治地位的资本主义生产方式的劳动分工,假设任何生产活动都不考虑其分工的差异是错误的,因此它的研究就必须在社会的原始抽象的基本范畴中进行。这种基于一种具体的自然进程而建立起来的特殊假设,采取了一种数学研究设定的形式,这种形式基于一种函数方程及其数值的因果性而运转,并且必须由一种实验的检验来检查其客观实在性。如果我们再加上这一点,即原始抽象的理智反思形式等于纯粹知性的概念,那么我们就因普遍有效性和客观实在性而拥有了这样的特性。在康德看来,这些特性赋予一种研究活动以严格的科学的特征。

只需看一看伽利略便能证实这一立足点。相对于他的前辈们的工匠的立足点来说,他的思维方式的根本创新在于,他一开始便将思维立足点奠基于运动之上。这将他与传统的工匠的立足点区分开了,使他将运动理解为存在的状态,并将之与静止并列,因而二者在同等程度上被视为惯性的。他通过 1590 年在比萨进行的对重物落体运动(de motu gravium)的研究为这种理解奠定了基础,并强化了这种理解,他的研究生涯也由此开始。在那里,他发现,如果不考虑空气阻力,即在真空中,所有物体都是同时落地的。只有**一种**重力,只有**一种**落体定律。自然的动态规律是运动规律,在大步向前的科学研究的成果中,在当前研究的不同情况下,这些规律被添加到对自动论假设(Automatismuspostulat)的回答中。1623 年,在《试金者》(*Saggiatore*; *Die Goldwaage*)中,伽利略将新科学方法的基本原理规定为数学的、实验的程序。这已被证明是真实的,尽管在伽利略的时代,实验很大程度上是思想实验,之所以是这样,乃是因为他缺少研究所需的设备。牛顿在其 1707 年的《光学》(*Optik*)中才提供了一种测量实验的模型。在《试金者》中,伽利略以如下名言引入了其方法的数学部分:"哲学是在一部大书中写就的,这就是始终展现于我们眼前的宇宙。但是,只有当我们学会了书写它的语言并熟悉其符号,我们才能阅读它。它是用数学语言书写的,这语言的字母是三角形、圆形以及其他几何图形;如果没有这一手段,人们便不可能学会它的只言片语。"

通过数学化,现代科学与商品经济的价值概念共享了直接与间接服务于它们的兴趣的量化。由于它们与资本及其生产方式的同源性(Stammverwandtschaft)对于经济承载者来说完全是隐匿不现的,所以,在其古典时代——这个时代以概念形式的普遍性,以及其与资本之间的实存的和理想的距离为基础,这些经济承载者因其研究动机的虚构的独立性而自鸣得意。

这使我想到了恩斯特·卡西尔的一个著名评论。在1910年出版的关于认识理论的富有成果的研究《实体概念与功能概念》中,他这样说道:

> 精确的自然概念植根于**机械论**思想,并且只有以这种思想为基础才是可以理解的。对自然的解释,在其后来的发展中,能够从最初的图式中摆脱出来,并以一种更进一步的、普遍的图式取而代之:尽管如此,**运动**及其规律依然是根本性的基础,首先是关于自身之明晰性的知识及其任务触及了这一问题。一旦现实性溶入一个运动体系之中,它就被充分认识到了。①

卡西尔没有告诉我们,机械论思想自身源自何处,但是他描述了这一思想的核心要件,即运动。这不是通常所说的经验的运动概念,而是在纯粹时空当中的"纯粹运动"。并且,这是交换行为的物理性的明白无误的特征。

换言之,精确的自然概念与机械论观念这两部分有着共同的根源,即交换的初始抽象(Primärabstraktion)。因此,它们之间的重合绝不

---

① Ernst Cassirer, *Substanzbegriff und Funktionsbegriff. Untersuchungen ueber die Grundfragen der Erkenntniskritik*, Verlag von Bruno Cassierer, Berlin 1910, S. 155. ——译者注

是什么谜题,相反,我能要求它作为我关于精确的自然科学与生产资本经济之间的潜在关联这一命题的附加证明。实际上,这种同源性是下意识的(unterschwellig),或者人们愿意的话,也可以说是先验的,因为表面看来,二者相互之间是如此的分散、不可过渡;举例而言,这就大概类似于,铁因其价格而获得了经济学上的定义,因其原子重量而获得了物理学上的定义。

当然,不容忽视的是,自 20 世纪中期以来,经过长期连续的积蓄之后,自然科学经历了深刻变化。自爱因斯坦以来,关于运动的惯性理论(lnertialtheorie)被电磁场论(die elektromagnetische Feldtheorie)排挤掉了。此种变化的原因是,在自动论假设完成的范围内,铁器时代与机器时代过渡到了**原子时代**,相应地,我们经历了从机器与雇佣劳动的生产力到电子与自动化的生产力的变迁。

## 9. 结 论

文艺复兴时期的商业资本主义向生产资本主义时代的转变发生于 16、17 世纪,它是通过从生产工具为劳动者、独立小农和手工业者所有过渡到为资本所有而实现的。马克思说:

> 创造资本关系的过程「在生产中——作者」,只能是劳动者和他的劳动条件的所有权(Eingentum)分离的过程,这个过程一方面使社会的生活资料和生产资料转化为资本,另一方面使直接生产者转化为雇佣工人。①

或者用我的范畴来表达:通过这样一个过程,社会生产从一种生产逻辑关联(produktionslogischer Zusammenhang)转变为一种居有逻辑

---

① *MEW* 23,742. 参考《马克思恩格斯全集》,第 23 卷,第 782—783 页。

关联(aneignungslogischer Zusammenhang)。但是,这种关系是如何内在地可能的,它在其极端矛盾性中如何发挥作用?马克思描述的这一过程所产生出来的是这样一个社会,无论就其整体而言,还是就其各个特殊部分而言,它都无非是由居有逻辑的活动所构成的,同样的,也展现出了迄今为止所有历史时代中最嗜好生产的(produktionssüchtigst)活动和最有生产天赋的时代。这是如何关联起来的呢?这是一个社会学问题,并且是基础问题,对此的回答必然以关于精确自然科学(卡西尔从"纯粹哲学的角度"对之做了高度评价)的解释为内容。

实际上,卡西尔自己通过将精确自然与机械论思想紧密联系起来,完成了关于这种解释的第一篇重要文章,我们在前面曾引述过这种联系。当然,卡西尔在社会学领域内所受的教育并不如在自然科学领域中那样多。所以他没有意识到,机械论展示出了一个过程或一个行为的居有逻辑特征。在前面,凭借私人居有的相互性,我从交换行为的物质性中还原出了机械论思维方式。

在方法论上说,自然科学知识是借助拟定机械的知识而开始其活动的,这种机械知识意味着以因果函数方程的数值来对待解释的现象做居有逻辑的理解。这种数值需要在所谓实验性分离的条件下做实验的证实,在排除所有"干扰因素"①的情况下通过实验的检验。通过实验的分离,数学原理的说服力被理解为科学对象的永恒"本性"的合规律性,科学被理解为对"自然规律"的研究。技术的或机械的辅助工具——资本企业将之作为其生产工具来支配——也被认为是以自然规律为条件的。这些辅助工具对于忙碌的劳动者的双手来说是确定的,并在与这种生产方式的自动化假设的相应合中推动了资本主义企业的生产逻辑的再生产(Wiederherstellung)②。另一方面,对于资本来说,

---

① 在此,我借用了格莱夫(Bodo von Greiff)在其富于启发性的研究中的术语。
② 参见库比(Thomas Kuby)的论文"Der Wandel des Automationsbegriffs",in: Thomas Kuby ( Hrsg. ), *Vom Hand werksinstrument zum Maschinensystem*, Technische Universität Berlin 1980, S. 87–103.

这些生产工具同时是稳赚不赔的投资对象，因为其技术上的实用功能以其为科学所担保的自然规律性，能够被赋予值得信赖的可信性与无限可重复性。借此，我认为这里考虑的主导问题的基本部分已被回答了。

对精确科学的这种解释证实了当前研究中的如下命题：出自纯粹知性的、起着支撑作用的数学式自然科学的基本范畴，不能以精神的方式——它似乎超越了关于纯粹知性的唯心主义的拜物教——得到解释，而要从社会存在——在其中，它们使我们的功能社会按照私人所有的原则得以可能——出发来理解。

卡西尔是"从哲学的角度"重视对精确科学的解释的。实际上，首先凸显出来的是我们的解释的哲学意义，这赋予了我们的解释以阿多诺所定义的"对起源的回忆"这一意义上的历史唯物主义。在1936年11月17日从牛津寄出的信件中①，阿多诺写道：

> 如果我对您说，您的信意味着，我受到了自从在哲学上与本雅明首次相遇——这发生在1923年——以来最大的精神震撼，我相信这并不过分。这种震撼引起了深刻的共鸣，这种共鸣远远超出您与我自己所能预料到的范围。并且，对这种共鸣的意识，您可能已经在我关于爵士乐的论著中的虚假综合这一概念上发现其痕迹了，但这个论著在本质上是将唯心主义批判内在地转运至辩证的唯物主义之中（＝辩证的同一化）；这种共鸣在如下知识中可觉其踪，即不是真理被包含在历史之中，而是历史被包含在真理之中；在一种关于逻辑的元历史的探索之中存在着这样的怀疑：恐怕这种探索乃是我自己的——只不过是这种深刻的、经受住检验的共鸣妨碍了我将你的工作称为独创的！

---

① 阿多诺的这封信是对我之前寄给他的"功能社会化理论草案"的回应。这一草案载于本书附录第131页以下（德文本页码）即本译本106页以下。

我们关于纯粹知性的社会解释消除了自然科学与人文或历史科学之间悖论性的不可兼容性。借此,通往全面理解西方人类历史的道路便打通了。

# 附　录

## 功能社会化理论草案:致特奥多·W. 阿多诺的信

（1936 年）

下面这个文本是我于 1936 年 11 月写给阿多诺的一封信的主要内容,多年之后,这封信提供了我与他之间进行理论交流的基础。阿多诺对这封信的回答,首先表达了由衷的赞同,而后要求对于相关问题再做一些口头讨论。但是很可惜,在他那边已经找不到相应意见的书面底稿了。

我的计划所拟定的构想,从根本上来说,是建立在两个本质性洞见的基础上的,长期以来所做的前期工作已让我坚定地坚持这两个洞见。关于第一个洞见,也许可以概括为:整个独立的且带有逻辑自律假象的**理论**的历史产生,也就是说任何唯心主义所理解的"知识"的历史产生,最终只能从社会存在的实践中的一种独特且极其深刻的断裂(Bruch)出发才能得到解释。一般来说,这是与一种基本的马克思主义洞见相符的:人类理论的所有问题实际上都可以回溯到人类实践的问题上去,从而马克思主义意识形态批判的任务便可概括为,理论问题可回溯到实践中的奠基性问题,即回溯到矛盾之上。这种回溯自有实践上的目的,它是服务于实践的,是服务于对人类的物质存在做实践改造的。但是，它的改造是在何种"意义"上说的呢？为何人的物质存在（materielles Sein）一般都有一种与"真理"相关的"意义"呢？在我看来，对于马克思主义进路来说决定性的难题就在于此，也就是这样一个问题：马克思主义是通过什么与其他所有的方法从根本上区分开的。因为它并不是从自身出发来设定这一意义，即设定存在与探寻真理的问题的这种关联，甚至不打算提出一种哲学或本体论。它的方法是完全不同的。"我们出于世界的原则而为世界提出新的原则。"马克思主义是从人类历史出发提出关于真理的问题的；因此它只知道关于真理的问题是在历史中发生的（并通过历史而落到它的头上）；马克思主义处于真理问题的传统之中，并且是其唯一合法的继承人，因为它继续了这个传统，并批判性地完成了它。因此，它提出真理问题，并不是为了"毁灭"它，也不是为了将之作为单纯的"意识形态"搁置起来，而是相反，是要成为人类（在这一问题的影响下）在历史上独立做出的那些计划的辩护人。甚至，当它作为这些计划的**批判的**辩护人时——由于在此突出的真理问题的缘故而是批判的，它对待这些计划（因而是这些计划——而不是它——将人们本身解释为主题）甚至比对待这些人本身还严肃。只有处于这个批判性的关系中，马克思主义才能从自己这方面拥有并认识到真理问题，而没有囫囵接受一种已与真理问题联结在一起的意识形态。因此，全都取决于对这一关系的规定［比如，为何马克思主义完全不是对一种新的本体论或第一哲学的设定，而是如您所说，只是"最终的哲学"（ultima philosophia），其根据就在于此］。但是现在，在对这一关系问题的追问中，意识形态的有效性问题（其具有何种有效性的问题）反过来成了棘手的核心问题。准确说：问题就是理论（用唯心主义的方式说就是"知识"）的有效性特征与人类存在的实践之间的关系。

人们可以从不同的方面来解决这个问题。其中之一当然是这个：马克思主义是对意识形态进行真理批判的方法，但它仅仅是对其做发生学上的界定的方法。何以会有这样一个不寻常的重合呢？当一种意识形态被以马克思主义的方式界定并揭示出来,那么它自身就转化(在其独有的概念中,根据其独有的意义,在其创始人的头脑中,同样也在其承载者的头脑中)为一种革命实践上的彻底变革的杠杆。而相反,如果由社会学来进行界定,这样的事情就不会发生。在马克思主义那里,真理问题的火焰点燃了存在革命的烈火,然而在社会学这里,首先残留下来的只有可怜的灰烬,这给社会学布置了一个它无法回答的问题,即这最终能将一些东西烧成灰的火焰从何而来。此时,对于马克思主义来说同样根本性的是:作为发生学(genetische)上的界定,它什么都没有做,即没有给事物增加哪怕是最低限度的东西,因此这就是单纯的科学,并且这恰恰正是对事物进行革命性批判的炉火。原因何在?在此,人们似乎要借助对辩证法概念的预先认识,将这个难题仅仅转换为探寻"辩证法"本质的问题。毋宁说其原因在于,马克思主义的界定将与**真理问题相关的**意识、**关于其有效性特征的概念**回溯到了社会存在之上。并且,此处首先构成的是其辩证特征,因为整个辩证法问题(与它不能被预先认识的根据一道)就在于此。因而,在对知识**有效性**的发生学解释中,我也看到了马克思主义的唯物主义、经验主义与资产阶级的唯物主义、经验主义相区分的根据。因为它事实上与这一问题的根据是一样的:为何在资产阶级-社会学的还原中,"存在"变形为粗糙的事实性,而它在马克思主义的还原中却产生出了其作为物质实践(materielle Praxis)的特征;意识形态那被批判过的真理要求作为革命性的能量嵌入这个实践之中了。

由于我十分重视马克思主义的意识形态批判——即它本质上是对意识形态的**真理**批判——的这一特征,因而我打算在此做些停留,以便尽可能清晰地突出这一关联。对马克思主义的要求(这恰恰应当成为我的目标)的方向是:由对一个特定的历史和社会存在的分析出发,必须得出从属于这个存在的一个无漏洞的推导关联,直至导出**其逻辑结构**(logische Strukturen),导出其真理概念。意识形态,一方面是虚假的意识,但是另一方面,它作为这样一种虚假的意识,在发生学上又必然是有条件的。意识的真理问题和马克思主义对意识形态的真理批判问题嵌在这一**必然的**有条件性之中。是的,我还要接着说,作为人类知识的意识的整个逻辑性问题嵌在意识形态的这一必然的有条件性之中。问题并不是在于,意识总是以特定的方式颠倒,而是在于,这种颠倒的意识,如果它是必然颠倒的,那它就包含着真理的问题。

从社会存在中推演出意识形态,这一马克思主义的推演,只有做到与相关的意识形态进行内在讨论之后才可能是令人满意和成功的。正是通过这一点,马克思主义的方法与资产阶级社会学的方法区分开了。也就是说,后者在其发生学的努力中,并不是与似乎作为病人而接受治疗的意识形态进行争辩。相反,马克思主义的批判的言说是深入到意识形态的头脑之中的,而非将其置于一旁或者绕开它。这里,在对一个意识形态的批判(按照其自身概念的尺度)使得权力剥夺合法化之后,这个意识形态的承担者也被剥夺了权力。由此可以推出马克思主义的历史合理性,即从"批判的武器"推出对"武器的批判"的权力。被批判的意识形态的承担者本身不可能接受批判,或只是执行这一批判,因为这样他就无异于必须跨越自身的阴影——这一点并不构成对这一原理的反驳。因为原理的重要性完全是出于另外的根据。将马克思主义的意识形态批判假设为真理批判,并不意味着要将意识形态的讨论解释为马克思主义的最高目的。这个目的始终是对人类存在的实践改造。但我的确主张,以真理批判的方式解释意识形态的方法可能性,是社会存在本身也能够以马克思主义的方式充分地执行的标准,在这里就像在经济学中一样,首先完全不涉及意识形态批判。因而我认为,比如对资本主义生产关系的分析,如果从其概念工具出发,例如从价值形式和价值关系的分析出发,不是每次都同时(如果人们愿意这样说的话)获得对资产阶级唯心主义的充分的真理批判,那么这种分析由于自身的原因就没有得到充分的认识。如果对资本主义的经济学分析不适合于这个标准,那么它就不适合于改造社会存在的任务。其历史观将会允许不可透视的剩余物在社会中存在。这两方面是互为条件的。如果经济学的某一个构件并非现成地就是对唯心主义思维立场的批判性清算,那么经济学就不可能是正确的;而如果经济学的分析没有正确的立足点,这一清算也不可能是有说服力的。

这种相互性是重要的,因为一般地说,它标志着这样一种**关系**,在其中,辩证的历史唯物主义完成了认识工作。这种关系十分清楚地存在于马克思的以下原理中:不是人们的意识决定着人们的存在,相反,是人们的社会存在决定着人们的意识①。因为这一原理要在其严格意义上来理解:它通过"社会存在"与"意识"之间那种被道出了的关系而相互地对两方都做了**定义**。离开意识的社会存在什么都不是,或者,更正确地说,它无非是纯粹事实性的拜物教幻相而已;并且,离开社会存在的意识同样什么也不是,或者,更正确地说,无非是对"先验主体"的拜物教式反映。与之相反,"意识"**是**由社会存在决定的,而社会存在是决定人们的意识的。只有在这一关系中,二者才具有其历史的、辩证的现实性。

这也决定了马克思主义与真理问题的关系。马克思主义并非自动地带着"真理"问题走进历史或走进"存在"。它既不建立一种独特的真理理论,也不向人们佯称一种"世界观"。毋宁说,马克思主义所知道的真理问题只能严格地从历史出发,马克思主义从意识形态方面接受了这个问题,这些意识形态就是以意识形态之名出现的知识。我已经阐明了这一点,但是它也许要与马克思主义方法的本质联系起来——这本质是关系性的(relational),在存在与意识间来回产生着影响。通过将人们追问"绝对者"的问题从其意识形态的关系中带出来,使其回到与这些人的社会存在的唯物主义关系之中,马克思主义便将不可解决的理论问题转变为可以解决的实践问题。这是与马克思的以下原则准确相符的:人们通过实现哲学而扬弃哲学,因为人们只通过哲学的实现才能扬弃哲学。并且,这种实现作为扬弃,而扬弃作为在意识形态

---

① 参考《马克思恩格斯选集》,第2卷,第32页。

中出现的真理理论的实现,一般说来,就是马克思主义与真理问题之间的独特关系。但反过来说,也只有真理问题才是这样的支点。在其中,人们的理论问题向实践问题的转换得以实现,并且如果排除或错失了真理问题,那么整个马克思主义就会变成无聊的庸俗唯物主义。

但马克思的初步论述,尤其是《资本论》开篇处的商品分析,在何种程度上满足了这里提出的条件,对此人们可能有不同的意见。从我早年的学生时代以来的十年中,我一直关注着这一分析中阻碍着实际澄清的巨大困难。在此,我不可能研究其细节。但是,为了从其核心处砸开唯心主义,就应该检验马克思对商品形式的定义是否被足够严格地执行了。如果商品形式透析了唯心主义知识理论,直至其基本因素,以至于主体性、同一性、定在、物性、客体性和判断形式的逻辑这些概念清晰地、毫无遗漏地回溯到劳动产品的商品形式,回溯到其起源和辩证法之上,那么它就被足够严格地执行了。由于我认为,在马克思的分析中,我并没有看到这一要求得以圆满地实现,所以我试图继续深化这一分析。因为我无条件地坚信,马克思主义的科学的连贯性依赖于这样的可能性,即继续推进对商品形式的分析,直到这样一个关键点,在这个点上,拜物教化的整个机制超出了特殊的资本主义拜物教,也就是说,因其有效性特征,对意识形态起源的揭示贯穿了整个所谓的文化史,也就是直到古典时代,甚至还要更早。

在此,终于涉及了我在最开始承诺要提出的第二个"洞见"。所谓的人类文化史,其实在根本上是与人类剥削关系的历史同时发生的。因此,如果谈论文化发展要有一个意义——马克思主义中对文化发展的谈论一定具有这种意义,那么这意义必定会由对剥削关系的分析,以及其从开始直到资本主义的完成形态的辩证法揭示出来。但是,这样的揭示必须这样进行,以致于在其中,所有的所谓"文化"特征——诸如存在对人而言的世界形式性(Weltförmigkeit),人自身的主体特征,人在"此岸"与"彼岸"之间的纠葛,定在及其认同模式(在这里,"定在"始终负有一种消极的论调),判断关系与理性(ratio),个体的人格性,真理问题,关于"知识"与客体世界的理念,善、美,等等——简言之,所有唯心主义高谈阔论的东西——都明白无误地被证实且被证明为剥削在发生学上的后果。因为剥削是一种直接的**实践的**事实情况,并且将异化的所有理论性的、表面上自律的意识形式以实际有说服力的方式向剥削回溯,将会使得整个人类文化的所有历史形式及形式化,转化为人类实践及其施魅(Verzauberung)的独特的问题式(Problematik)。暂且说,所有那些所谓的异化形式——本质以及事实性的图式(Schemen des Wesens)——都是以剥削实践为根据的劳动实践的拜物教化(Fetischisierungen der Arbeitspraxis),并且文化人类的所有理论难题的真实内容,乃是一个关于其物质存在的纯粹的实践难题。如果这一点能够被完整地、简洁地证明出来,那么借此,显然就与上面所要求的、对异化的意识形态的发生学上的真理批判直接联系起来了。如果主体-客体的分裂、探寻真理的问题以及"知识"作为剥削的后果而产生,即作为一种处于存在异化中的、必然有条件的意识的纠葛,作为一种被列入非实践的形式之中的实践,那么,这些异化形式在发生学上向其实践的原因性的回溯,便必然通过自身并出于自身对拜物教化了的理论的批判,这种批判指向其实践的真理。因此,人们必须砸开异化的结构(Konstitution der Entfremdung),为的是撞开异化的意识形态而达到真理,意识形态(Ideologien)的结构掩盖了这个真理。但是,"真理"并非如马克思主义所设定的那样,自在地是被揭示出来的实践,而只有关联到对其掩盖的批判,真理才存在。因为,之所以涉及真理,只是由于异化了的意识与探寻真理的问题是捆绑在一起的;这就是说,真理问题仍然是异化的产物。在最后的归纳中,我为自己提出的任务走到了这个方向,即在颠倒的关系中使"先验演绎"的不可解决的难题〔从思想出发构造(Konstruktion)存在的努力〕变得可以解决:采取辩证地重构剥削关系史(Geschichte der Ausbeutungsverhältnisses)的方式,以物质的社会存在来构造逻辑。

现在,我必须引入一个概念,这个概念对于这一方案的执行与实现具有非常核心的意义，这就是**功能社会化**（ funktionale Vergesellschaftung）概念，它与马克思所说的"原始共同体"的社会化类型在历史和结构上都是不同的。对于这个概念的引入，我想再多说几句。功能社会化产生于与原始社会化的断裂，这一断裂是剥削，即这样一个事实状态：社会的一部分人开始依赖另一部分人的产品而生存，因为前者居有（aneignet）了因逐渐增长的生产力而产生的可供支配的剩余产品。这种居有首先是作为单方面居有而发生的（它能够囊括从习惯上以正当的方式发展起来的对礼物的接受，到野蛮的掠夺之间的各种形式）；只有经过一个较长的历史时期之后，这样一种单方面的居有关系才变成了以作为商品交换的交互居有为形式的剥削。但是，在这些形式中，使剥削得以发生的那种居有所采取的那种形式，其本身无论如何都是一种实践，但这种实践却否认"同自然进行物质变换的人的物质生活"的实践，因此首先否认"生产劳动"（马克思所讲的劳动过程的意义上的生产劳动）；因而是对实践的一种实践上的否定，并涉及劳动（劳动自身与历史上剥削关系的变迁一道变迁，因而并不总是采取其在当今资本主义中所形成的那种形式）。现在，在人类的历史上，他的生活无时无刻不是与自然（这个自然通过生产力的发展也成了一个历史概念）进行物质交换的生活，并且无时无刻不是生产和消费中的生活。必须将马克思理解为"劳动过程"的这种现实性作为人类历史的根本性基础，并由此出发。这与马克思的如下观点相应：人是一种成功地开始生产其生活资料的动物种类。因而，在人类历史上，人类生活无时无刻不是这种具有本质上实践的、物质的特征的物质变换过程。由此看来，人自身就是自然，并且也只能处在与自然的关系之中，处在一种与人们的生活自身是同义的关系中。就此而言，整个人类历史最终也是纯粹"自然"。从其庞大的序列中，我兴趣所在的视角只是其中一个阶段，这个阶段是以剥削的事实情况为特征的。这段历史的独有的特征，特别是理论与实践的分裂以及由此带来的知识现象（一种孤立的，似乎是自治的知识现象），最终是起源于：这里人类生活的物质实践

（materielle Praxis）是通过那些与实践相矛盾的中介形式（Vermittlungsformen）而实现的。社会中的剥削者部分（不论其与被剥削者是否源于同一种族）依赖人类劳动的产品而生存，但却不是其自己的劳动产品，所以这里统治阶层的生活并不是建立在自己对自然的关系之上，而是代之以对其他人的关系以及**后者**对自然的实践-生产关系（praktisch-produktives Verhältnis）。在剥削的范围内，人与自然之间的生产关系变成了一种人与人之间关系的对象，并将服从于后者的秩序与法则，因此它相对于"原始"状态而言乃是"去自然化"的（按照马克思的观点，在价值对象性中连一个自然物质的原子也没有掺杂进来），以便从此以后按照中介形式的规律（Gesetz von Vermittlungsformen）来实现，这些中介形式意味着对它的积极的否定（affirmative Negation）。前面已强调过，这种否定本身具有实践的特征，它是在这种人与人之间关系中的居有实践。不过我认为，在这种关系中的居有实践是同一性、定在以及物形式（Dingform）或物性（因而不只是"物化"才如此，"物"本身就已经是一种剥削样态了）模式（Modi）的真实的社会起源。

让我们设想一种最初形式的剥削关系。一个民族战胜另一民族，为的是以占有后者的剩余产品为生。结果是，在被剥削者那里，产生了一种没有消费的生产，而在剥削者那里，则产生了一种没有生产的消费，因而生产与消费之间的必然物质关联这种早先的形式被摧毁了。然而，如果剥削者的消费品没有被生产出来，则他便不能依赖居有而生存。因而，被摧毁的关联以另一种形式，准确地说，以统治关系中的这两部分之间的关联的形式重生了。剥削将生产与消费之间的生活必要性关联转变为一种人与人之间的，即社会的关联（gesellschaftlicher Zusammenhang）。它在人们的存在的紧密联系中建立起了生产与消费之间的关联。这种由剥削所导致的人们之间的紧密联系，就是我所称的功能社会化（funktionale Vergesellschaftung）。它不同于任何形式的自然形成的共同体（naturwüchsige Gemeinwesen）。"功能的"社会化是对"原始的"社会化的否定，它摧毁了后者直至其完全解体，以致于功能社会化最终一统天下，并且商品生产采取了那种最终使得单方面居有变成相互居有（wechselseitige Aneignung）的形式。从现在起，劳动最初的、原始的社会特征被剥夺了，取而代之的是作为商品的劳动产品的交换关系的出现。商品形式的基本特征（同一性、定在和物性）的起源应该到这种人为的功能社会化的印痕中，在其产生的印痕中去寻找；这一形成过程经过缓慢而持久的深化，直至最终成为唯一的统治。

因而，定在者的同一性样态（Identitätsmodus des Daseienden）从最开始便是剥削关系中的统一性，它对这种关系来说是不可或缺的和构成性的；因为剥削者的居有行为将产品从劳动者那里"抽离"（abstrakiert），这样将人类产品"物化"，将其中立化为物（Ding），固化（fixiert）为已完成了的、脱离了生产者双手的定在，这个定在现在被掌握在剥削者的手中，无视它的生产过程，作为单纯的给与性和接受性（Genommenheit），作为在质量和数量上如此造就的特性（Beschaffenheit），尽管强调它不是自然的产品，而是人类的产品（但恰恰是另一些人的产品）。因而，赋予商品或居有客体以同一性的，是它们所扮演的作为剥削者与被剥削者**之间**社会关联（Gesellschaftszusammenhang）的环节这个角色。尽管一个客体对于他们中的任何一个来说都具有完全不同的意义，但它在他们之间，在它从一方过渡到另一方的行为中，始终是**同一个**东西，在他们之间，它具有一种对二者都有效并独立于他们的实存，即一种客观的定在；并且，它在行为中并未解体，而是集为一体，是一个物。只有在这些形式特征开始发挥其对功能社会化的不可或缺的、隐匿的作用之后，反思才着手考虑它们，并将它们提升为概念。由此，功能社会化现在翻转了一切，因为现在的情况是，正是这些特征，已经在主体同那些被给予它的客体的关系中变为了主体的思维形式。要想解除这种翻转是困难的，而且，若不找出中介就是不可能的。但是我们知道要寻找的是什么，即剥削事实状态与理论上的知识关系之间的中介；就此而言我们已经有所斩获。这是一种知识理论家乃至庸俗马克思主义者做梦都不会想到的洞见。

但是现在，我们的讨论要限定在采取已形成的商品生产社会形式的剥削社会上；因而与之相应的是剥削的社会化功能的"商品形式"。其结构总是按照这种社会化的统一功能来规定自身，前者是后者的形式上的构件(Konstituens)。因此，功能的社会化只是凭借剥削来贯彻，因而是作为一种居有关联，尽管它总是与生产相关，但它自身并不是生产关联。它是一种以人及其物的纯粹定在为形式而不以这种定在的产生为形式的关联。显然，这在单方面居有的形式中是存在着的，但是，在已完成的剥削和功能社会化的形式中，居有与生产的关系就变成了完全地、不可穿透地遮蔽了物质存在的现实性的关系(马克思一再强调这种区别)。

在这一段，我要稍微偏离一下，来讲讲我与阿多诺之间的异同。例如："在这里，遮蔽与真理是重合的。要使这里的真理显而易见，那就需要一种方法，我将之称为辩证的验明(Identifikation)(对此，这封信后面的内容还要继续展开)。这种方法的作用方式可以用马克思的一句话来表达(出自1843年的《黑格尔法哲学批判导言》)：'应当对这些僵化了的关系唱一唱它们自己的曲调，迫使它们跳起舞来！'①整部《资本论》都是按照这一原则建构(gebaut)起来的。遮蔽不能承担起揭露它自己的辩证验明的任务。但是，它还是从另一种经验方式中暴露出来：任何由它自身的材料(以拜物教的方式神秘化了的遮蔽材料，换言之即哲学反思概念)来建构综合的结构(Konstruktion der Synthesis)都不会成功(这里的"综合"是在康德、黑格尔意义上使用的)；在其中，资本开始着手确认其对存在统治的彻底性)。在此，由于所有伪装成本质的企图的失败，它的非本质(Unwesen)便被揭露出来了。这些注定失败的企图从未能拒绝资本，但也从未将资本带向成功的终点。如果我假定这就是您的出发点，我是否正确地理解了您的胡塞尔-著作的意图呢？

---

① 参考《马克思恩格斯全集》，第3卷，第203页。

[对此,阿多诺的确是给出了肯定的回答。]因而就是借助一种通过内在的途径寻求超越的批判?["是的"——几乎是毫无疑问的。]与综合在哲学上的失败相应的,是资本主义经济现实中的危机。[他的确同意这一点;参见下文。]危机发生在资本主义内部且由于其内在原因而发生,直到它因此而毁灭;从而它就由于其内在原因而终结。[这是一种非常切近20世纪30年代的经验的观点]。然而,我倾向于将这种经济上的并行情况仅仅视为现实的、与哲学相反的情况,将您所探寻的东西视为一种单纯的象征性的东西。在这种哲学的路径上,人们实际上并不能超越内在性的高墙,因为这是纸上谈兵,其自身还是内在性的工具。超越只能是存在的现实变革,即行动,而以您的方式并不能达成这一点。[阿多诺并不同意这一点;专家们可以从他的著作中归纳出他关于这一问题的回答。]

但是,在这封信中,我并未以这种方式继续前进,因为我自己的想法还不甚清晰,还远远不够清晰。此外,我必须解释的是,我的自我理解是一个难以置信的缓慢过程。在这封信中,可接受的东西不是我已经获得的那些洞见,而是我仍然还在寻找的那些洞见。在我还是学生时,对商品形式中的先验主体的揭示,或者更准确地说,对认识主体被遮蔽在商品形式当中这一点的确信,就已经作为"灵感"而深深地吸引了我,如果让我做出自我描述的话,那就可以这样说,这"灵感"使得我不再迷失,却也使得我的思想陷入持久的、与日俱增的混乱当中。这是这样一种状态,即我感到,相对于这两个无比天才的灵魂——阿多诺和本雅明——而言,我是多么相形见绌、惶惶不安;尽管如此,我还是坚信,对这种混乱的解释必定会将我带到某个领先于他们的地方。因而这封信,正如我当时所有的草稿那样,只能说是自我澄清的一个阶段;评价这些工作的尺度不在它们自身当中,而是在它们最终带给我的阐释当中;这尺度在我那本1970年出版的书(《脑力劳动与体力劳动:论社会综合理论》,法兰克福)中得到了说明。我的整条道路是以这样一些草稿为铺路石的,它们被列入了"草案"这一名目之下,而且很大一部分在我的抽屉中发霉腐烂掉了。20世纪30年代的这些草案，只是标志着我与"法兰克福学派"之间的联系，当时，这的确或多或少地要归功于阿多诺（我总是通过他来联系霍克海默）。在这一相交点上，我还是一度不明了，我进行意识形态批判的工作完全没有走向意识形态批判自身，而只是凭借它走向了存在批判（Seinskritik），即改进对当前被掩盖了的经济发展的理解，因为意识形态批判没有走向"知识的元批判"，并未指向任何关于脑力劳动与体力劳动的理论。这一阐释是我在20世纪四五十年代时才展开的。

在对"综合"的哲学建构中，并不涉及对资本实际控制的物质的综合（Synthesis der Materie）。从实际的意义上说，综合的失败表明了危机，危机理论是对唯心主义关于"综合"的所有设定的真正批判［阿多诺希望我将这一点"大体勾画出来"——见本段边角上所加的注释］。无疑，危机理论也是整个马克思主义理论中最为困难的部分；对危机难题的解决隐含着这样的论断：在其条件中，导向危机的整个历史就变得可以透视，也就是回溯到"原始共产主义"的整个剥削的历史变得可透视。

因而，对功能社会化的一种总的历史性阐释（geschichtliche Gesamtdarstellung）必须与此相连，这种阐释包括从其最初形成直到今日的最终结果的整个过程。关于此还只有一些最为粗略的线条。首先是方法上的：我们也许可以将剥削关系的发展过程作为功能社会化的辩证反映过程来审查［如果执行得当，便将会得到某种类似于本质形式的物质现象学的东西］。其目的在于从物质存在出发来描述人的本质形式（如主体性、人格性，等等）的辩证起源。这些本质形式作为剥削的结果历史地产生了，并且，这种起源的终结存在于功能社会化那里［所有人的本质形式与人的实践物质存在（praktisch-materielle Sein）具有根本的关联，但是这在其积极的否定中被扬弃了］。因此，对于本质形式的起源的理解来说，具有决定性的是功能的社会化的历史辩证法，我将古埃及、古典时代以及近代欧洲的商品生产视为其主要步骤。就起源上说，第一种本质形式是"国家"，即"最初的剥削关系"的社会化形式。在国家中，剥削的社会化功能局限于，赋予剥削的统治关系以统一的特征（国家主权、领土主权，等等），这种统一构成了国家的本质，使剥削的实际的统治关系成为"国家"的本质，或者说是将自身拜物教化了。在此，是功能社会化无非是以剥削为目的而进行统治这一残酷事实（factum brutum），而居有对象（Aneigungsobjekte）[产品、生产者（奴隶）、土地、劳动工具、牲口等]的自然形式不再有不同的价值表述。其与自然形式的矛盾在其魔法化或神秘化的过程中消耗殆尽。到了古典时代，财产的社会价值形式形成（Ausbildung der gesellschaftlichen Wertform）的关键步骤才被执行。因而，古典时代的剥削关系在这一范围内是古埃及甚至古代东方的剥削关系的辩证反映形式，即先前是作为整体的国家的东西，现在则是单个的公民（kalokagathos、civisromanus）与其奴隶家政和财富生产的私人关系，古典时代的社会是这些公民相互之间的社会。在此，最初的财富形成（Reichtumsbildung）被反映出来了，被生产出的财富在剥削者与城邦之间进行交换，并由此而首次获得了恰当的社会形式，即货币的价值形式。与之相反，此时被剥削的生产者还处于奴隶的自然形式当中，被功能化了的不是他们的生产，而是对他们的使用。对财产的反思只能在剥削者一方发生。然而，生产自身的功能化以及被剥削的生产者方面对剥削的反思是西方发展的基本标志。因而，在西方，剥削关系取得了其充分的、全方位的发展。当然，这一部分还需要最为深入的阐释，其中对中世纪的阐释有特别的价值——由于其中对私人所有（对自己的产品！）以及生产者的人格性和经济价值关系的起源作事后重构（dahineingehörige Nachkonstruktion）的缘故。在我看来，对西方发展（特别是中世纪与资本主义之间辩证的发展关联，这个关联为"简单的商品生产"所中介）的总体关联的理解方式也是很重要的。还有许多应当予以重视但我却未能提及的要素。

相反，我打算在更为狭窄的意义上来简短地探讨知识理论。剥削按照居有客体的定在同一性的原则限制了"功能社会化"，借助这一洞见，知识的整个形式难题以及概念客体的关系便走出了思维领域，回溯到人的社会化领域之中。事实上,在功能社会化过程中,客体知识的形式结构(Formkonstitution der Objekterkenntnis)因剥削关系而不同,因为功能社会化规定了客体的结构;只要人们是"主体",他们的思维便关涉这个客体。因而,知识的形式总是由客体规定的,但是,客体的形式又是由功能社会化过程规定的。在这一过程中,发生了知识的建构性综合(konstitutive Synthesis)[我是在先验的意义上使用综合概念的,这是一种形式上的意义,因为只有形式上的综合才是合理的,或者说,才是理论的(当时我还没有强调其作为与手工劳动相分离的精神活动的意义,至少还没有主题化的意义)],相反,质料的综合则没有发生,因为这种综合是作为社会综合而发生的,并且涉及人的定在关联(Daseinszusammenhang)。人们的确可以坚持古典唯心主义解决形式建构难题的方式;的确,人们必须在特定的意义上来坚持这一点,以获得唯物主义的存在知识的出发点和指路标;马克思主义并不是从自身的自发性出发,而只有在对一种既定意识的批判道路上才获得这种知识。当然,这种意识必须是一种虚假的意识,并且必须包括真理概念(您回忆一下,我在开头时说过的,马克思主义总是能使真理问题凸显出来)。因而,如果从唯心主义对综合问题的既定理解来看,那么马克思主义给这个未解决的难题提供了答案;因为在这个难题提出本身的意义上,唯心主义所指的重构抽象综合(Nachkonstruktion der begrifflichen Synthesis)的任务,转变成了唯物主义重构社会存在之历史(Geschichte des gesellschaftlichen Seins)的任务(也就是由对市民社会的辩护变成对它的责难)。实际上,综合在社会存在当中运行(从而是所谓"成功"的),唯心主义在主体性中假设了这种综合,但从来不能为之提供解答。只有辩证法的合法获得才与综合难题的这种确认连为一体,即将逻辑的问题确认为存在的问题,这样,思维与存在的关系同时被整个地颠倒过来了。这可以非常尖锐地表达为:为了解答这些由其自身提出的问题,先验唯心主义转变成了辩证唯物主义。

因此,如果思维的社会存在有限性(Seinsbedingtheit)的一般样态和方式是在剥削关系的历史中表达出来的,那么这种概念上合理的认识的社会起源便涉及了主体性产生的诸多原因。我承认,这是有待砸开的最为坚硬的"坚果",但我并不怀疑,我关于社会存在(更准确地说是功能社会化)的理论为之提供了"手柄"。这一起源方面的主要根据应该是,由于功能社会化的辩证法,人类剥削者自身进入商品同一性的定在样态(Daseinsmodus)之中,出于其社会存在的一种完全规定了的结构的强制(Zwang),将自身统觉为同一地存在着的"主体"。这种结构与剥削财富的社会价值形式的形成(Ausbildung)最为紧密地联系在一起(在公元前700年的爱奥尼亚,价值的货币形式第一次被铸造出来);的确,我认为人的主体形式的产生是与价值的被铸造出的货币形式不可分割地关联着的。因此,主体性起源的辩证意义从根本上来说是这样的:

定在同一性(Daseinidentität)(我想起来了,我认为"定在"具有一种否定的重要价值)对于剥削的居有行为中的产品样态来说是原初性的,并且从积极方面来说,就是对实践的否定。但是,不仅是作为物的产品(Produkte als Dinge),而且还有人们自身,确切来说是剥削者,亦即剥削关系和功能社会化的实际的社会创作者,出现在定在的这种同一性样态之中,并将自身识别为"主体"。这里涉及的人是在剥削社会构成史(Konstitutionsgeschichte)中的人,这其中包含着人类主体形式的产生的真理(被诅咒的真理)。主体性与实践的这一关联——但却是在与其自身之中建构起来的、对实践的遮蔽(Verdeckung der Praxis)的关系中——规定了问题(作为探寻"真理"的问题)的星丛(Konstellation)[这一概念受到了20世纪20年代与本雅明在卡普里的一次谈话的启发,更准确地说,是受到他对赛思女神的肖像(Bildnis zu Sais)这一神话的阐释的启发]。并且,这种辩证法就是这样一种理论的基本关系,这种理论同实践["劳动"]相分离,而且只遵从其表面的、逻辑上独有的自律(合理的也就是探寻自身有效性根据的反思知识的意义上的理论)。这种理论知识由于其起源的条件,总是为其(不可放弃的)探寻真理的问题造成阻碍。

对于作为主体的人来说,"世界"的形式总是具有现实性,在这个世界中,存在者(Seiende)(作为纯粹的事实)按照统一的原则而存在,也就是说,作为客体而存在。而这些原则总是因功能社会化的结构以及其中主体的地位而有所不同。因为一般来说,理论上的主体—客体关系只能从剥削关系和功能社会化的原因中产生出来。因此,在我看来,知识理论的谜团,即主体与客体如何能够走到一起(zueinanderkommen),也被如下倒转了的问题取代了,即它们是如何分离开的(auseinanderkommen)（因此,我也认为反映论是没有用武之地的);并且,只有后一个问题是可回答的。——只有客体的定在世界为主体性形成了存在的内在性,而主体性却将在其真理问题中所拟定的存在的实践的现实性(praktische Wirklichkeit)当作超出了可认识的存在范围的、不可兑现的超验之物而抛弃掉了。因而,现实世界处于与头脑的直接的理论认识关系当中,而现实的实践只能作为来自彼岸世界的东西与人们相遇(begegnen)。这样一种相遇,在古典时代后期作为基督教而实现出来了,在基督教中,实践难题(Problem der Praxis)首次在这一颠倒了的世界之内向人们提出来了[作为劳动与人类存在(剥削的存在)之间的一致性]。实践难题是扬弃这一颠倒了的世界自身的难题,然而,从相反的方面看,它又允许颠倒世界的存在,假定了对剥削的扬弃,不过这超出了世界,是在彼岸被设定的。——一般而言,我将源自剥削的"文化史"这一辩证主题概括为如下格言:剥削关系实现的每一步,同时就是其扬弃实现的每一步。在剥削关系的历史中,如下这点成长为否定性:人们的现实性将人们掩盖并扬弃在单纯本质中,但是人却几乎是这样一种存在,他能够自己设定实践上对剥削的扬弃并实现之。

这里还要对方法做最后一点评论,以防有人质疑说似乎这里最终还是要建构一种第一哲学。简言之,我在方法上的立场是:根本不能建构起关于一般历史存在的任何东西,相反,所有能做的必定仅仅是批判对它的遮蔽。因此,对商品形式的批判,或者用我的术语来说,对"功能社会化"的批判,是我全部的且是唯一的方法上的道路。因而,我的方法的决定性原则是——如我所命名的那样——辩证的验明,即本质在其矛盾性中相互对抗。但是,对此需要说的还很多,远非这封"信"所能容纳。

# 对先天论的批判性清算:一项唯物主义的研究

(1937年3、4月)①

## 1. 研究的意图

在我们看来,哲学唯心主义的最终体系化表达的意义是与先天论及其在其他先验哲学中的深化相应的。因此,对先天论的批判性反驳必然是对处于先天论之论证核心的唯心主义立场的反驳。这种反驳要求指出:唯心主义主张其相对于存在的先天性以及其先验性,而恰恰是在这一意义上,思维应当被理解为受制于社会的,应当被历史地理解。<u>必须努力将唯心主义对理性思维的阐释与唯物主义对理性思维的解释对立起来</u>;因为,如果理性起源于社会存在这一点得到证明的话,理性的拜物教化就终结了。这里,此种意义上的理性思维就应当从社会存在出发来解释,在社会存在中,思维有效地获得了知识;并且这里的知识就是能够对某一说法的真实与虚假做出判断的知识。理性的唯心主

---

① 作为社会研究所专家的瓦尔特·本雅明为这部手稿提供了帮助。这里重现了本雅明所做的边注和下画线。——作者注。在译文中,本雅明所做边注以楷体字放到括号中。——译者注

义拜物教化的内容是对真理概念的绝对化。因此，准确而言，一种对理性思维做唯物主义解释的任务在于，<u>从社会存在出发证明真理概念的历史性起源</u>。<u>这一任务也可以这样表述</u>：要在知识具有客观有效性的范围内来解释知识的起源。如果证实了知识有效的条件是发生学的而非先验的，那么借此将证实真理是受历史条件限制或是受时间限制的，而非永恒的、绝对的。

对先验哲学之体系大厦进行这样一项针对性研究，不应主要被视为一种学院式的计划。因为其必要性的原因在于，唯心主义思想特有的强制必然性的体系化倾向乃是对资产阶级社会封闭的责任关联的表达。实际上，唯心主义的体系强制是与一种总体性（Totalität）相应的，但不是源于一种自治主体或自由的先验综合的总体性，恰恰相反，是源于剥削的总体性。相应地，这关系一种形式化特征，像我们所做的这种研究必定不能摆脱这种形式化特征，而由于这种特征，这种研究本身又给人一种唯心主义的印象。唯心主义思想的形式主义（Formalismus）是受到异化限制的，这种异化在人们的社会关系中导致了剥削。物化（Verdinglichung），在其服务于剥削的形式化（Formalisierung）这一意义上，是纯粹的形式规定性。将唯心主义思想的形式主义以发生学的方式回溯到剥削，这便削弱了这种形式主义。然而，对形式主义的这样一种唯物主义还原（materialistische Reduktion）必须以这种形式主义自身的手段来与之较量，必须追踪其内在的形成过程（innere Bildung），必须按照其自身的规则将其连根拔起（aufspulen）。它这里所追求的对自己思想的克服能否成功实现，当然只有在这个方法应用到具体的对象上才能够正面展示出来。

下述这项已拟出了纲要的研究确信，唯物主义的历史研究需要事先对物化（Verdinglichung）进行批判的分析。对于每一个人来说，他本身的思维是通过他所生活于其中的社会存在、通过物化的程度和方式（der Grad und die Art der Verdinglichung）而与形式连为一体的；为了能按照占统治地位的生产关系，在实践中做出正确的行为，这些形式是不可或缺的。每一个人都生活于占统治地位的盲目关联(Verblendungszusammenhang)中,并按照其尺度来生活。在唯物主义的历史研究中,绝不能天真地、无批判地预设任何所谓的既定思维形式;这种研究不应当成为社会存在的意识形态的遮蔽形式(Verdeckungsform)——它服务于社会存在的团结(Zusammenhalt)。但是,特定范畴的普遍性程度越高,它们越是形式的、"纯粹的",那么对它们的批判处理就越困难。因为,这样一来,它们就越是广泛地、不可或缺地为我们的思维逻辑奠定基础。从发生学上来看,越是宽泛的概念,大多在历史上也更古老。[概念关涉概念的年龄还是认识方式(Erkenntnisweisen)?恐怕是后者吧?(doch wohl letzteres?)]例如关于统一这样的概念,我们已根本不能以直接的方式辨认出来了。然而,在对这些概念无批判地使用中似乎变得确定的是,在发生学的意义上为它们提供了条件的社会存在形式和生产关系(gesellschaftliche Seinsformen und Prokduktionverhältnisse)被拜物教化了,这些形式和关系十分广泛地起着奠基作用,在今天仍积极地起着作用。唯物主义方法的本质要求,在它之中,不能使用任何人们不了解其受制于哪种生产关系的范畴(值得向往的)。因而,唯物主义的方法与唯心主义"批判的"方法之间的共通之处,它已预先对每一范畴提出了这样的问题:在这范畴中,是什么被预设为其本身的"可能性"条件,并被一道接受下来?但是,在唯心主义中,理性通常只是在其自身的基础上,即在其实体化(Hypostasierung)的基础上而被引入探讨。从而,在康德那里,最初的真正的起源问题变得畸形了,变成了执行单纯内在地分析"我们的认识能力"这一任务;进而,黑格尔在内在性这同一面旗帜下做了发展:将思维结构内部的逻辑假设关系同时看作思维在发生学上的构成性关联(Konstitutionszusammenhang),这样一来,被抛弃的起源问题对自身以及对我们伪装成内在性的持存(Bestand),辩证法则以演绎的方式伪装成真理的绝对体系。

这里,在唯物主义中,对物化的批判性分析取代了知识理论。这必须以体系的方法来进行,这不仅为了维持对我们思维范畴的发生学条件直至其最终的逻辑前提的准确检验,而且也因为这种物化分析对于唯物主义的历史研究来说具有积极的方法论意义。也就是说,物化分析在商品形式与思维形式之间的发生学上的关联的格式塔(Gestalt der genetischen Zusammenhänge)中——它在它的推论性操作(rückschließendes Verfahren)中遇到了这些关联——假设了批判的提问方式;对于唯物主义的历史研究来说,必须借助这些假设来着手研究现存的经验材料。先前对物化的批判性分析,一方面将我们思维的逻辑范畴默认为永恒有效的幻象,另一方面将历史经验默认为事实性的特征。按照这两个不可分割的方面,我们在物化分析中看到一种对于唯物主义的历史研究来说不可或缺的准备工作。这种准备工作仅仅服务于这里所草拟的研究。在这项研究中,不是进行唯物主义的历史分析(materialistische Geschichtsforschung),不是让这项研究取代唯物主义的历史分析——若是这样,它就会回转到唯心主义和历史哲学构建的道路上去了,而是说,应该在它之后才是经验性的历史分析。这并不是要否认:在这项研究中,与历史材料的某种特定的归纳性联系应当起作用。

也许,还需要针对一项以还原理性为目的的研究所遭到的非理性主义怀疑说上两句。通过这项研究根本不是为了否认理性,而是完全相反,是为了真正实现理性。这一点从对物化问题的态度中就表现出来了。我们与乔治·卢卡奇共同的一点是,将马克思的拜物教概念应用到逻辑学与知识理论上。另一方面,我们与他的不同在点于,我们从理性思维的有条件性出发,通过物化与剥削并没有推论出这种思维只是单纯的虚假意识。在我们看来,无论是逻辑还是物化,都不会因剥削的消灭,不会因为在一个无阶级社会中而消失,即便它们会以一种我们能预期的方式发生改变。与剥削一样,物化与理性要在它们的辩证本性中得到理解。物化是剥削的结果,但是物化同时带来了人们的自我发现,这一点形成了人们能够扬弃剥削的前提条件。

唯物主义不认为,如果人们不想否认理性的话,就必须将其本性视为先验的。正如先验唯心主义相信理性的先天性那样,在发现自然研究的归纳方法之前,中世纪的神学思维相信,如果人们否认自然规律起源自上帝的意志的话,那就必须放弃自然规律的思想。唯物主义的思想开始于唯心主义思想终止的地方:将理性应用到对其本身的有条件性(Bedingtheit)的研究之中。(这里存在着两种不同的理性概念)唯物主义思想是理性的、科学批判的,因为这种应用是可能的,而在这一范围内,对理性的历史产生的解释本身也能理性地完成。这种可能性,不是为了造出一个演绎体系而做出的独断论预设;它是一个实践地完成的研究课题。按照这种理解,唯物主义不是世界观,而是一种方法论假设(methodologisches Postulat)。在对它的贯彻中——并且同样不是先天的,理性的行为变成了一种物质的行为,这与唯心主义的预设不同。其区分于后者的标志性特征乃是,确信放弃真理的封闭理想,继而放弃那个与真理概念之绝对化紧密相连的唯心主义思想的二律背反。

研究的对象是这样一个问题:先天论学说是否为真。从而,它与那种将先天论解释为资产阶级的一种特定的意识形态的做法毫不相关。(一个危险的区分。)尽管如此,还应当开始尝试对康德知识学说做意识形态意义上的批判性解释,以归纳的方式推导出首要的命题,接下来尝试以分析的方式对之进行论证。

## 2. 类比还是奠基性关联?

在历史上,知识的先天论解释发生于这样一个时间点,此时资本主义生产方式的竞争机制成功地形成了一个自在相关的、似乎是自动的体系(selbsttätiges System),因而不再仅仅是断断续续地发挥作用,且不再依赖于国家的帮助,而是通过在市场上形成的交易定价,以及将劳动归摄于生产场所(Produktionsstätten)中的机器之下,这种竞争机制开始完全地实现其特别的合规律性。随着资产阶级获得了其经济上的自主,它便也成功实现了外在的、政治的解放,康德哲学便是为这种解放提供意识形态基础的。

在资本主义社会中,为了将产品从生产者手中转到消费者手中,商品交换不仅是必需的,它甚至也构成了任何日用品生产的条件,资本主义社会之不同于其他同样以商品交换为基础的社会就在于此。因为,在较早的时候,一般了生产出产品,人们只是作为消费者而与他们已使用的产品分离,而在这里,作为生产者的人们为了能生产出一件产品而与工具分离。因而,在资本主义社会中,生产的可能性本身依赖于如下事实,即生产的基本要素,包括人类劳动力、实际的劳动工具、原料与土地,都作为商品通过市场的道路而汇集到一起,并且生产能够按照商品规律来进行。商品形式和商品的交换规律,即物化的形式和规律,在资本主义社会中成为了生产的先天之物(Apriori der Produktion),从而成为社会持存(Bestand der Gesellschaft)的决定性的根本法则——当(在危机中)商品的交换关联不再发挥作用时,这个社会便瓦解为一种无形式的多样性的混乱状态。但是,商品的定在依赖于生产,因此生产的可能性条件便是这样的规律,社会中商品只有依据这些规律才有可能存在。依据这些规律,商品的定在就成为了社会的定在,并且商品的定在表现为一个本身不再具有任何实体(die an ihr selbst keine Substanz mehr hat)的社会的整个持存。

资本主义生产和消费的社会秩序,既不是通过有计划的引导,不是通过直接的合作,也不通过传统的规章而产生的,毋宁说只是作为独立个人之间互不依赖的单个行为的功能而实现出来的。因此,它完全是功能性构序(funktionale Ordnung)。在此,也只有商品交换的功能性规律才决定着使用价值的客观实在性和商品价值的社会有效性。(?)一个没有销路的商品,等于一个主观的感觉印象,在社会的意义上说便不再是物。如果滞销商品再次发现了买主,那么这种感觉假象就突然之间轻易地获得了客观现实的实用价值,并且那长期被扣除的劳动也突然之间获得了现实的社会价值有效性。一个物(Ding)不是被生产出来的东西,只有它被交换,它才是物。它的物的构成(Dingkonstitution)是功能性的(funktional)。

因此,它实际上是一场"哥白尼式的革命";对社会持存(Bestand der Gesellschaft)而言,这场革命贯穿了从简单商品生产直至资本主义生产方式的完全形成(fertige Ausbildung)的过程。在简单的商品生产中,产品的占有分配是生产的功能,这种生产是自在地发生的,也就是独立于商品交换而可能的,因此是商品的既定存在的功能。而在资本主义社会中则与此相反,生产和商品的定在是预先给定的、对生产资料的占有关系的功能。

但是,在此作为生产的先天之物的商品交换规律,商品定在的合规律性和社会的持存构序(Bestandsordnung)是如何形成(ausmachen)的,是如何自身构成(in sich beschaffen)的呢?这些仅仅在马克思已指出的那种意义上是物化的规律(Gesetze der Verdinglichung),即这物化居于商品的等价形式(Äquivalentform)的统一功能的中心。商品——其使用价值是不可通约的——在它的交换行为中获得了作为价值的可通约性,在其中,它们按照形式而被设定为同一的,仅仅是在量上被区别开。因而,这正是康德意义上的"综合",它按照社会发展起来的商品交换的形式构成这种商品交换奠定基础,并且这种综合植根于最高的统一,商品在与它们共同的、社会上普遍有效的等价形式(货币)的全面的、相对的价值关涉中,并借助这种关涉而拥有这种统一。因此,商品交换的基本规律——在资本主义中,它构成了生产可能性的先天之物(Apriori)——按照商品与货币的普遍关系的一致的统一功能,从所有商品的一个源始的、在交换中才建立起来的、纯粹形式性的综合(rein formale Synthesis)产生出来。

一旦货币资本发挥作用,即货币在市场上购买生产要素(或者生产的物性载体),而且将每一要素按照其特殊本性的规律统一为生产的自动程序化的整体(selbsttätig prozessierender Ganze),这种综合对于生产来说就是构成性的(konstitutiv)，是商品的定在的立法者。但是，作为这样被生产出的商品的流通手段的货币的调节性功能，立即附加到这种构成性功能之上，这调节性功能服务于已然依照商品规律而植入商品之中的价值的实现，并且通过它的调整来服务于资本运营的全面均衡化。这里发生的，似乎是综合的形式规定性(Formbestimmtheiten der Synthesis)的派生性的和单纯判断性的（校准性的）运用，但这种运用是以这种形式规定性在生产中的构成性(konstitutiv)运用为前提的，并且它本身是如下这一点的前提：资本主义生产方式能够借助其条件，导致连续的社会再生产所必需的一致性，因而导致看似合乎理性的一致性。如果在这个单纯功能性的形式体系(Formsystem)之中被规定的秩序的实在性(Realität)本身，就是这个单纯功能性的形式体系，那么资本主义生产方式就"能够"发挥作用；但这个实在性恰恰不是单纯功能性的形式体系，它是历史的现实性，不单纯是资本主义商品生产的物化规律(Verdinglichungsgesetz)。但是这里矛盾开始出现了。资本主义商品生产本身只有完完全全地内在于物化规律才是可能的，因为在商品中，劳动被描绘为对商品生产的单纯因果性而言的劳动力，也就是作为商品世界内在的必然规律，再无其他。由于劳动在这种因果性中只创造商品价值，它同时就生产出了资本自身，正是这个资本使它成为了那种因果性。因此资本，就其起源而言，是这样一种实践的功劳(Arbeit)：这种实践只服务于它的对立面，即物化以及那种因果性的再生产。从作为原初的、"智性"(intelligible)的劳动与作为完全物化(verdinglicht)的内在性的因果性的劳动之间的这种矛盾出发——按照物化的内在问题结构，这个矛盾对看起来绝对的、最高的主宰，也就是对资本是有效的——只能迈出一步，即将资本本身设定为其实践的现实性，并将现实世界理解为资本的辩证的自身展开，在这里，资本被拜物教化为"世界精神"。

这段对资本主义物化体系极为简短的描述，对于其追求的阐释目的的所有努力来说都是完全准确的。但是，为了从对资本主义物化的分析出发，能够重构康德的整个知识哲学及其必然的内在矛盾，人们只需要为了货币的一致的统一，为这个描述添加上"自我意识的统一"，为服务于交换社会的货币综合功能添加上"统觉的本源综合统一"，为货币对于资本主义生产的构成意义添加上"纯粹知性"，为资本自身添加上"理性"，为商品世界添加上"经验"，并且，为按照资本主义生产方式的规律进行的商品交换添加上"物按照法则的定在"，即"自然"；只要人们同时注意到与亚当·斯密的和谐论相适应的假设："先天综合"毫无疑问是必定要出现的。实际上，当人们打算做出此种努力时，就可以更为细致地进行类比，并使康德的形而上学以及它之后的发展，即超越所谓先验唯心主义而走向黑格尔的绝对唯心主义的过程得到唯物主义的彻底阐明。然而对于我们来说，这里的事情取决于这样一个问题：它是否仅仅涉及一种类比，或许不涉及一种真正的奠基性关联！难道没有可能，从起源上说，自我意识的统一和知识主体的确不过是货币统一的一种不可避免的思想反映？难道没有可能，推论性思维是一种受到由商品所中介的社会的货币的功能所限制的意识形式，而理性的对象知识，只是在这种遵守商品交换规律的社会中，生产得以实现的方式和方法在观念上的再生？（？）这种设想首先看起来是一种有风险的假说，会导致难以预见的后果。虽然如此，我们还是打算设定它，因为我们相信，它是经得起检验的。这个假说的结果是：意识形式，我们在理性的意义上将之称为"知识"的形式，源自存在于商品交换之中的物化（Verdinglichung）。因此，在物化及其分析中，已经获得了我们这些假说的理由。

　　然而，一项打算直面知识唯心主义绝对化的考察，其所处理的也不再是"一般知识"的无历史的意义上的知识。探寻理性的认识方式（Erkentnisweise）（即演绎思维）的社会起源条件的问题，首先只能在某一历史发展阶段上涉及这种精神形式；这个阶段上的精神形式最初是在古希腊出现的。

## 3. 理性知识产生的社会条件

对于接下来要提出的论题，我们预设马克思在《资本论》第一章以及在更早的《政治经济学批判》手稿中所完成的分析的细节已是众所周知的。

在简单的物物交换中，相对价值形式和等价形式只是通过每一次在价值表述中的位置而与一件商品联系起来的，因而不能与这个商品在经验上区分开来。商品的社会性等价特征在一个单个的商品上出现，并不是作为某种与其使用价值相区别的东西。这种区别只有通过商品二重化为商品与货币才发生，即某种商品被分化出来，作为其他商品，也就是与它处于相对价值关系中的商品的社会普遍有效的等价形式。"因此，一种商品如麻布[或者说是金——作者]处于能与其他一切商品直接交换的形式，或者说，处于直接的社会的形式，是因为而且只是因为其他一切商品都不是处于这种形式。"①商品交换的社会特征在货币上浮现出来。

谷类可以充当人类以及动物的食物，但金只有对于人来说才意味着货币。在货币中，人的特征得以与自然界生物区分出来，人与人之间的社会关系被标示为生产和消费之中的，并与自然的物质变换过程相对立面。货币只是在人与人之间有效，而非在人与自然之间有效；并且，在货币中，人与人之间的联系已形成了同人对自然的联系的不可还原地对立的特征。在货币的支出与收入中，人们不再是作为自然存在（Naturwesen）而行之②。我们进而断言，概念思维或推论思维的形成和兴起，与商品的社会性等价关系从人类实践的物质生命条件中被突

---

① "Kapital" I, MEW 23, 82. 参考《马克思恩格斯全集》，第 23 卷，第 84 页。
② "同商品体的可感觉的粗糙的对象性正好相反，在商品体的价值对象性中连一个自然物质原子也没有。"(Ibid., S. 62. 参考《马克思恩格斯全集》，第 23 卷，第 61 页。)

出（Abhebung）出来有关。

我们后面将看到，商品价值的货币形式的形成（Ausbildung），即铸币的形成，是以剥削为前提的，而且是以剥削的一种进步了的形式为前提的。从对商品形式的一种深入分析出发，我们已经确信：货币形式的形成——大约在公元前680年的爱奥尼亚——是以某种类型的商品生产为前提的，其中，进行交换的商品占有者不再与他们的商品生产有实践的、个人的关系，不再参与生产的劳动过程。<u>我们支持如下假说：货币形式的产生必定与职业的奴隶劳动的形成（Ausbildung）有关联。奴隶最初是用货币买到的，他们为市场生产产品，即生产商品。</u>奴隶是使用对象，其被包含于这个客体中的属性，在这里就是能劳动。在商品生产借助奴隶劳动来运行的地方，货币-商品-占有者与生产之间的关系是通过单纯的交换关系来中介的。

生产的这种中介方式（Art der Vermittlung）制约着从生产实践中突显出来的理论反思，这种生产就是被反思的东西。生产进程必须在思想上被预先建构为合乎逻辑的关联，从而生产进程的实践被合乎目的地组织起来，即作为社会有效价值的产生而组织起来。在纯粹社会的领域中，生产的合理性外在于生产，在这个领域中，产品具有了价值，金意味着货币；在生产的实践中，生产不具有合理性，这既不是因为劳动的奴隶，不是因为他们无目的地生产，也不是因为设定目的的主人，而是因为这个实践不是劳动。为了将生产组织为对具有货币价值的商品的产生，生产关联才必须以理论的方式来建构。这种建构纯粹是在思想中完成的、从劳动的实践中突显出来的建构，它要求对思想本身的反思，要求对其后果进行内在的论证。它处于逻辑的真理控制之下，而非实践的真理控制之下，并且最重要的是，它具有了一种永恒的、奠基于自身之中的真理概念。理论必须是理性的，因为它在实践之中的生产不再是理性的了。对生产的理性建构进行了逻辑反思的思想，即理性的自然知识，是组织起借助奴隶劳动来进行的商品生产所不可或缺的社会手段。（人们可能会想象自然科学的兴起与奴隶制不相关，而是自在自为的。）

在理性的认识方式与商品-货币-流通的关联中，首先引起我们兴趣的只是形式的方面（formale Hinsicht），而没有考虑其历史内容——剥削。我们相信，如下这一点是能够被阐明的：理性思维的逻辑形式规定性以直接的方式受制于商品-货币-交换的形式规定性。① 由于在此不可能按它的中介逐步提出这种形式规定性（Formbestimmtheit），我们将它对我们的主题来说最重要的特征以极其简短的方式总结为其最终完成于货币的形态，以便接下来更为切近地探讨其核心要点。

## 4. 商品形式的分析

货币是一种被打上标记的商品，即它仅仅充当其他商品的等价物，从而仅仅充当单纯的交换手段。其作为货币的特征是，这种商品的材质在生产或消费上的使用都被排除在外了，因为在做这种使用的时候，其就立即不再是货币了。因而在货币中，使金变成货币的东西，是与它的材质，即金公然对立的，但也是与每一其他商品的材质或一个商品的任何材质相对立的。因此，在货币中固定的东西是，商品等价物具有单纯的**功能性特征**。

商品等价物被表述为货币，这就将交换行为固定为生产和消费行为的对立面。商品交换为其持续时间之故而排除了商品的每一种物质性变化，这种变化可能会涉及商品之间的价值关系。商品等价关系只是因为商品不可改变的质料同一性而得以可能。这种同一性是生产和消费的否定形式。它意味着，在市场上，这种商品只是易了手，并且只要还是在交易者手中，生产和消费就是停止的。

另一方面，交换行为要求借助商品来终止生产和消费实践的静止

---

① 我们是在马克思"政治经济学批判"的意义上使用"形式规定性"的。

169 状态,因为交换行为在生产和消费之间进行中介。它因而不是真正地否定生产和消费,相反却是以生产和消费的发生(geschehen)为条件,并且引起这种发生。只要商品通过交换而从生产过渡到(消费的或生产的)消费,并且生产和消费被视为**与这些商品**连为一体的,那么同一性就是商品的形式规定性。交换的正面含义是:那个被生产出来的物(Ding),过渡到它的消费者那里,过渡到另一人的手上。同一性是生产与消费之间的物性的联结形式(dingliche Verbindungsform),并且反过来,这种联结的同一载体是商品,就此而言就是<u>物(Ding)。物性是商品的形式规定性,是"物化"(Verdinglichung)的基本形式。</u>

因为在商品交换中,商品只是从商品生产过渡到商品消费,因而在交换中,或对于货币的等价功能来说,这些商品被视为既定的。这种既定性乃是商品的实在性,它是遵照交换行为之实在性尺度的,这种交换行为是与商品一道发生的。商品在交换中的既定性是人们之间物的单纯**定在**(Dasein),它不同于生产,只是在生产中,物(Dinge)才为了其在交换中的定在而被生产出来,也不同于消费,物的定在是从交换进入到消费之中的。[究竟赋予了"同一性"(Identität)的"定在"以何种新规定?]这定在是商品的形式规定性,是物化的现实性模式(Wriklichkeitmodus des verdinglichten)。大多数人不断参与到定在之中,这样一来,在对定在的反思中便产生了对立面。

商品是同一地存在着的物。这种形式规定性最终在货币中被固定下来。在商品的同一的物的实存(Existenz)形式中,货币关涉的是以同一的物性实存形式存在的商品。**同一性、物性**以及**定在**,就它们的起源而言,是商品的**社会性的形式特征**(gesellschaftliche Formcharaktere der Ware),并且是**人们的联结形式**。——同一性是存在于不同人之间的、

170 同一批商品的生产和消费的联结形式。同样,物性是生产与消费在商品中的结合,因为人们之间的生产与消费在实践上的关联是以社会的方式被撕碎的。(不引入剥削概念,这种分裂是得不到规定的。)物(Ding)是一种产品,由此出发,其社会根据一方面仅仅是生产,而另一

方面则仅仅是消费。物的同一性是生产与消费之间的社会裂痕的黏合面。一物具有这样的定在,在这定在中,生产与消费出于其在社会中分离的原因而停止了。这种分裂的实在性是定在的实在性的尺度。它因而是**在人们之间**的物的定在,是社会有效的(gesellschaftlich gültige)、以社会为条件并受社会限制的物的实在性。由于生产和消费之间特定的社会分裂的原因,同一性、物性以及定在才自身构成了被分裂者之间的联结形式。<u>这种分裂——物化要回溯到它——是什么类型的分裂,这还需进一步指明。</u>

同一地存在着的商品物处于交换行为的时空秩序(räumliche und zeitliche Ordnung)之中,而非生产和消费行为的时空秩序之中,在这个范围内(pro tanto①)说,借助生产和消费的行为,商品的等价关系恰恰是不能发生的。这是与"人的感性活动,即实践"②的时空秩序相对立的**事实性**(Faktizität)的时空秩序。从时间上看,交换的商品等价假定了,生产总是在商品中完成了的过去,而消费则总是还未在商品中开始的未来,在这二者之间,交换中的商品拥有了其同一的物性在场(Dingliche Präsenz)。以商品的同一性存在在交换中的出场作为前后秩序(Folge)的连接点,生产和消费在交换行为之中就作为过去和未来被联结起来,因而就是作为不再存在的东西和尚未实现的东西被联结起来。在此,商品在交换中的在场就是生产和消费的不在场(Absenz),在这个意义上说,生产和消费的实在性尺度就是交换中商品的在场。仅仅是凭借事实性的尺度,即是发生还是没发生,正在发生或没有正在发生,正在出现还是没有正在出现,货币才与生产和消费的物质性实践发生关系。

另一方面,商品所由出的生产和商品所走入的消费,在商品上结合为商品的同一的物性,因而恰好是商品及其实在性在交换中的在场。但是,对于交换行为来说,生产和消费在其静止中,即在对时间的扬弃

---

① 拉丁语:至此,到如此程度,到这个范围。——译者注
② 马克思《关于费尔巴哈的提纲》的第一条。

中是现实和在场的,作为商品物在纯粹空间中的不可改变的质料同一性(stoffliche Identität)而是现实和在场的。交换行为将作为时间性事件的生产和消费以时间的方式扬弃了,也就是说,交换行为按照时间将不再现实的过去和尚未实现的未来"移交"给了交换行为自身唯一现实的当下。生产和消费在交换的实践性发生**之中**拥有的实在性,是以空间中物化了的(verdinglicht)商品物的质料实在性为形式的。货币与作为物的商品联系起来,这些物(Dinge)在空间-物质实在性(räumlich-materielle Realität)中,按照其在时间中不可改变的同一性功能,中介于生产和消费之间。在货币中,如下这点被固定下来:时间中的交换的实在性和商品等价功能是与空间中的物质实在性结合在一起的。**物质**(*Materie*)是过去的生产实践的物化形式(Verdinglichungsform),通过它,生产便与被社会地分开的未来消费实践联系起来。(这一物质概念究竟如何脱离神秘的物质概念的?)——泰勒斯第一次提出的这个想法,即所有空间都被物质所填满,只有在生产受控于商品规律的地方才会发生。那个命题是:一切是水,在这个意义上犹如说,一切是商品质料,或者说,人们能把一切都变成商品——只要被买来的奴隶的属性是劳动,并且他们所生产的东西都以这个形态作为商品被生产出来(也就是说,"一切"这个概念是货币的同义词——一个大胆的论断)。

对我所规划的这个思考方式的简要勾勒,必须要满足我在这里对物化的形式分析(Formanalyse der Verdinglichung)的要求。然而,需要再做补充的是:如果脱离物化与剥削的关联来理解物化,那么物化的要素就不能得到充分而清楚的规定。

对于我们这个主题来说,核心点是如下论断:**同一性**是商品的历史地规定了的形式特征,**是人的一种社会联结形式**。如果这一论断得到证明,知识先天论(Apriorismus der Erkenntnis)便被驱赶出局了。因此,需要更进一步解释这一论断。

物化的基本特征,即同一性、物的形式和商品的定在,以一种必然的方式,与交换中的商品等价关系相连。从我们今天彻底被物化了的经验出发,这种形式特征似乎能够同样与其他任何关联(包括生产与消费的关联)中的事物原初地相连。但是,关键在于理解交换行为相对于其他行为的特殊之处。如果人们在生产活动或消费的过程中暂时搁置这些物(Dinge),以便之后再回过头来处理它们,那么这些物肯定具有某种持存性;并且,我们绝不断言:<u>商品同一性是同一性的唯一类型,或者说,是事物(Sachen)的类似于同一性的持存性的唯一类型</u>。但是,对于理性的认识方式①及其逻辑构成来说,商品同一性是决定性的同一性形式。

被放到一边、被遗忘、被移走、为了给自己使用而保管起来的物(Dinge),是被弃置了的物;并且,如果它们有持存(Bestand),也是在当人们不去处理它们时而有的持存。但是,在交换中,这些物在如下的情况中是同一的,即它恰恰是活动的对象并处于注意力的中心(当我读一本书的时候?),并且,正是这种处理和注意力将它固定为交换关系中的不可改变的、同一的东西。② 在交换中,人们是从物质方面与这些物打交道的,但是,这种行为又以充满矛盾的方式与如下条件紧密联系:在这些物上面没有物质性的事情(materiell nichts)发生。交换行为是一种物理的、物质的行为,并且,一旦等价是有效的,这种特征中就包含着对任何改变交换客体的行为,即消费或生产行为的积极的否定。在等价中,商品的同一性的物的实存是一种由交换行为所主动实行的设定,它绝不仅仅是人类活动的空隙中纯粹被动地存在着的一种物的改变的缺乏。它对它所假设的所有物质上的非真实性也是有效的,例如在持续更长时间的金融交易中,客体在没有人类协助的情况下毫无疑问发生了改变。简而言之,它的有效并不是出于物或者人,或者人类活动的一般本性的根据,而是说,它是一种出于社会原因而被必然地限定的虚构。

---

① S.-R.-1970:这里所谓的"理性的认识方式",是指脑力劳动的一部分,它只出现在货币占有者那里,并且与手工劳动相互割裂,不可弥合。
② S.-R.-1970:在这里,缺少一种决定性的区分,即使用对象的完整的同一性的保持是与一种个人意志相应呢,还是与一种当局强制的社会假设相应。对本雅明的质疑,可以借助这个问题来应对,即我是在哪里读书,是在书店呢还是在我家?不难证明,物性的同一性是所有制的一种功能。

但是,这个原因是什么呢?对此,能从交换中引申出的是,交换活动所中介的生产和消费对于人来说必须以确定的方式被分隔开。这种分隔的方式是什么以及它的基础是什么,这些已经超出关于劳动分工的一般指引,而不能从交换中推断出来。因为商品交换本身就是其现实的历史内容的遮蔽形式,也就是说,恰恰是通过作为它的标志的等价而实现这种遮蔽形式。尽管如此,还是让我们首先抓住那些映照在商品交换及其等价关系之中的模糊不清的余晖。

首先表明的是,必须在如下两种交换之间做出一种基本的区分:一是发达的商品交换,亦即以商品生产为基础的,因而是以"价值"交换为基础的交换;二是一种使用对象的交换流通意义上的原始交换,特别是在原始共同体之间的交换①。发达的商品交换的决定性特征是被交换客体的等价,并且,这是以生产和消费之间的一种特定的社会分离为前提的,这种分离的起源及现实内容应该到剥削之中去寻找。只有发达的商品交换是与物化——其以同一性、物的形式和定在为特征——相关的。相反,我们不能确定,原始交换可以由什么来规定,被冠以原始交换之名的东西是否可以被视为一般的交换概念。这种或这些类型的"交换"是在我们的视野之外的。②〔至少必须证明:在原始交换中不存在任何等价(作者注解:这一点已经由马塞尔·莫斯与列维·施特劳斯

---

① 参见 Marx,》Das Kapital《 Bd. I, MEW 23, 102. 参考马克思,《资本论》(第 1 卷),《马克思恩格斯全集》(第 23 卷),第 106 页。

② S. - R. - 1970:两种交换类型之间的区分,是当时分析的本质特征之一,并且也被保留了下来。但是对我而言,这区分的根据才逐渐显露出来,而那时我对之还并不清楚。这一根据在于,商品交换是否是内在于社会的综合的手段;这一根据不存在于商品交换的诸形式特征的某种差异性中,这些形式特征在社会发展的不同阶段上都保持不变。当然,当交换就其本质而言还是单纯外在于经济的流通形式时,这些形式特征,主要是等价形式还**没有显现出来**;在这一阶段上,这一根据尚未产生价值的货币形式。货币形式的产生是交换的内在于社会的综合功能的转折点。并且,只是从这时起,商品交换的形式特征才在货币上显现出来,它也才能被意识所中介。因而,只有从这一转折点开始,"商品形式"的现实抽象才能转化为概念形式的思维抽象。——虽然当时我尝试在这条正确的道路上推进,但是我却不能驳倒本雅明和阿多诺提出的那些反对意见。当然,我也没有因这些批评而偏离我的道路。(在这个文本的末尾,我将尝试对问题做出更为准确的澄清。)

证明了〔1978〕)〕

其次是提供了如下论断:如果人们只是基于如下事实,即人们必须通过劳动来获得生活资料,因而这种生活资料全都是消费对象和产品,并且仅仅由此而是"使用价值"和"价值",那么是不能充分理解商品的特殊的形式特征的。

不是自然地给予人的生活条件性,也不是消费活动与生产活动之间的单纯经验性的区别,而是如下事实构成了作为"价值"的这种对象的交换的基础性前提,从而也造成了商品特有的二重性:在这定在的这两个息息相关的、不可或缺的方面之间,出现了一种社会类型(gesellschaftliche Art)的对立,以至于被用来交换的对象对一部分人来说仅仅是产品,而对另一部分人来说则变成了单纯的消费客体。商品交换社会的前提不是一种自然给予性(Naturgegebenheit),而是一种改变了的社会历史形式。

商品交换只是由这一历史基础而来的辩证的反映形式。它的前提被遮蔽在其直接性的表象之下。"中介运动在它本身的结果中消失了,而且没有留下任何痕迹。"①在商品交换及其形式上可以发现物化,但要从中来解释物化,则是不可能的。其原因及其源头存在于剥削之中,并且,商品交换〔通过商品交换而内在于社会中发生的综合——S. R. 1970〕自身只有从剥削出发,才需要解释。

## 5. 商品交换与剥削

由商品交换②所预设的生产与消费的分离是以如下事实为基础

---

① Marx,》Das Kapital《 I,MEW 23,107. 参考《马克思恩格斯全集》,第23卷,第111页。

② 在此以及在下文中,"商品交换"这一表述都是在内在于社会的流通形式这一特定意义上来理解的,即将之理解为社会综合的承担者。

的：社会分裂为两部分，一部分只消费而不生产，而另一部分则只生产而不消费。换言之，在将生活资料作为价值来交换，即商品交换能够成为社会交往形式之前，剥削必然已经产生了。商品交换是从剥削中发展出来的，而不是相反。（商品交换是由这种分裂标示出来的，这一点只能通过其与原始交换的比较来证明。）

1937年的说明：因这一命题，我们在一个重要的点上偏离了马克思与恩格斯的见解。虽然他们的观点的确并不是说，任何形式的剥削，任何环境下的剥削都只有从商品交换中产生出来。但是，如果人们坚持马克思关于商品的分析——在这个问题上只有这个分析才可能是决定性的，那么基于他们的理解，要么只有剥削关系是可以理解的，它通过商品交换而产生或因商品交换而消解，要么是"直接的统治与从属关系"，①它与商品交换之间的关联或无关联性尚不确定。相反，我们对马克思关于商品形式发展的阐述的批评指出，它没有为剥削在商品交换的**产生**中的决定性角色留下任何空间。价值表述的发展是被如此阐述的，似乎直到价值的货币形式的形成过程终了之时，它都是被理解为原始交换交往的一种连续的展开和扩展。

关于马克思和恩格斯那里的商品交换与剥削之间的理论关联，我们所针对的主要是三个基础。首先，占据马克思主要著作核心的是关于货币转换为资本、商品买卖转换为劳动力的理论。在此一清二楚的是，商品交换被描述为先行于资本主义剥削体系。这一点是有道理的；因为资本主义的商品生产事实上是在商品交换的基础上才发展起来的剥削体系，并且是在历史上独一无二的情况，即一种遵守单纯的商品交换规律，遵守经济规律的剥削。剥削如何能遵守普遍的商品等价规律，产品的剩余价值的非平等性如何能遵守商品交换的平等法则，这些构成了政治经济学及其批判的关键。但是，在马克思那里，简单商品交换

---

① K. Marx, Kapital I, S. 93；参考《马克思恩格斯全集》，第25卷（下），人民出版社1974年版，第890页。——译者注

向资本主义商品交换的发展是被这样描述的,似乎它之前不需要任何其他形式的剥削。相反,我们认为,商品交换之所以能够作为一种剥削体系的形式而起作用,仅仅是因为它本身已然是剥削的一种辩证的反思和扬弃形式,因而剥削的其他形式已经预先深入其中了。资本主义剥削是商品交换和物化的完全、最终的实现——正如资产阶级哲学的唯心主义是一般真理问题的最终理论那样,因为商品交换和物化的规律,就其自身而言乃是剥削的规律。在理论上说,商品交换不应被当作独立的历史现象来对待。否则,商品的形式规定性最终就成为了物化,并且,理性的思维形式可以归因于物化,而正是在这一意义上,它反过来也仅仅归因于一种形式要素,即交换的交往形式。形式自律的拜物教假象,从意识转移到商品形式之上,又从商品形式转移到交换之上,但是这假象就附着在交换上,并使对它的整个还原又重新迷失到一种并未产生的构型性的形式(forma formans)的神秘基础之中。

　　这的确不是马克思的看法,但是,他关于商品分析的理论文本却散布出这样的假象,即根本上来说,原始共同体中个体间的合作关系与资本主义社会中完全由商品交换所中介的关系之间,只有通过私有制的缺乏或存在而区分开来。因为自古以来人类劳动都被理解为"社会劳动";变化的只能是社会性的劳动关系的模式。原始合作与私人所有者的物化了的关系,就其实质而言,似乎都是社会性的劳动关系。

　　紧接着是马克思的商品分析中对商品交换与剥削之间的关系所做的仅仅是略微提到的第二个规定。马克思的商品分析提到了交换流通在历史上的产生。"实际上,商品交换过程最初不是在原始公社(Gemeinwesen)内部出现的,而是在它的尽头,在它的边界上,在它和其他公社接触的少数地点出现的。这里开始了物物交换,由此浸入公社内部,对它起着瓦解作用。"①在《资本论》当中,还可以找到相关的表

---

① K. Marx,》Zur Kritik der politischen Ökonomie《, MEW, 13, 35 f. 参看《马克思恩格斯全集》,第13卷,第39页。

述:"使用物品可能成为交换价值的第一步,就是它作为非使用价值而存在,作为超过它的所有者(Besitzer)的直接需要的使用价值量而存在。"① 因而在此,剥削,即"共同体的瓦解",也是被阐述为"商品的交换过程"的结果。与此紧密相关的是,马克思没有在能先于剥削的交换流通(!)与出于剥削的交换流通之间做出区分,尽管所引段落在表述上——"商品交换过程"与"物物交换"——的摇摆不定已经足够清楚地表现出了事情的差异。实际上,尽管马克思的商品分析只适用于第二种意义上的交换流通,即我们所称的"商品交换",因为它始终是将商品的等价关系作为出发点,但是,当马克思将等价也赋予"最初的交换流通"意义时,物化似乎从原始关系中自然而然地产生出来了。

最后,恩格斯在其《家庭、私有制与国家起源》的研究中,试图历史地调查商品形式的起源,在马克思那里,这一问题只是在形式上进行了处理。这一著作——在此,因篇幅所限,我们不可能对之做批判性分析——试图填补马克思在其商品分析中存在的如下缺陷:他没有解释作为发达商品交换之标志的、对其有决定性意义的私有制。恩格斯追踪了私有制,特别是古代私有制的形成,并且在此,关于商品交换与货币发展优先于剥削的假定,为他的分析奠定了基础。但这样一来,这一假定——它适用于资本主义,尽管不是无限制地适用——便被运用于生产关系,而在我们看来这是不正确的。人们可以将恩格斯的见解同罗莎·卢森堡在其所遗留下来的《国民经济学导论》(*Einführung in die Nationalökonomie*)中的见解——我们的见解深受其影响——做比较。

在此,我们不能深入研究,剥削在历史上是何时何地第一次出现,以何种形式、何种方式对"最初的交换流通"产生了何种影响。这些问题可能会使我们偏离主题,将我们引入一个充满无穷困难的领域,陷入其中不能自拔。(!)但是,我们也不认为,对这些问题的研究对于我们

---

① 参考《马克思恩格斯全集》,第23卷,第105。

的目的来说是必不可少的。由商品交换到剥削的反推不能,或者至少在我们看来不能采取单纯分析的方式。但是,从历史出发的归纳——这是有必要的——似乎证明:充分发展了的商品交换,以及与之相适应的理性反思形式,只有在西方才能出现,更确切地说是在希腊古典时代第一次出现,正如只有在此才发生的、铸币形式的货币的最初铸造所预示的那样。但在历史上,这种成熟形式的商品交换的形成(Ausbildung)并不先于古代东方的埃及、美索不达米亚及其周边的铸造业中的剥削。我们关于理性反思的产生条件的研究,只对资本主义由其谱系中生长出来的发展过程感兴趣,因此我们只关心西方的发展。这有着相当大的优势,如果剥削的产生根据能够普遍地因而也在最初的经济当中得到令人满意的澄清,我们认为如下也是可能的:在不无形地损失知识的情况下,首先在古希腊和美索不达米亚的剥削王国开始这一分析,并且通过确定的概念的限定来确保考察。

首先,对"自然形成的共同体"(naturwürchsiges Gemeinwesen)概念的规定属于这些限定。马克思将这一概念运用到商品生产与物化了的社会的各种对比之中,但却没有清晰地定义这一概念。对于我们来说,它的定义是不可或缺的,因为我们将取代了交换的剥削置于开端处,并且,只有通过如下这点,剥削概念在方法论上才是可用的:它是在充分抽离了一种内外都没有剥削的共同体的诸多标志的情况下被理解的。接下来对一种原始的——即没有剥削的意义上的——共同体的概念构建,不是展示其在历史上存在过的证据,而仅仅是一种理解剥削事实的辅助概念。由此可以理解的是,<u>"自然形成的"共同体并不等于原初(urwüchsig)的共同体</u>。(?)

一种没有剥削的原始共同体必须被理解为以血缘为纽带的人类群体,这种群体只从自己的劳动中获得生活资料。这种附加的解释与马克思在《德意志意识形态》中的定义是一致的,按照这一定义,"一当人开始**生产**自己的生活资料的时候……人本身开始把自己和动物区别开来"①。在一个没有剥削的共同体中，如果不考虑疾病的话，只有无劳动能力的年龄段才应当免除劳动，以至于群体在如下范围内形成一个整体：任何个人的消费都与其自身的生产紧密结合，不是在现实的时刻如此，而是在贯穿了世世代代的过程中如此。因此，在现存的劳动分工中，生产与消费对个人而言实际上是相互分裂的——他消耗其他人的劳动产品，而其他人也消耗他的劳动产品，然而这并不是对人来说的，因为，这里的个体只凭借将诸多世代链接起来的消费和生产的总体（Gesamtheit）的同一性（Identität）才在物质上得以生存，只有按照这个同一性的尺度才是有能力生存的生物。人们看到，在原始共同体中，如果该共同体应当是没有剥削的，"自身的劳动"这一概念与人的个体同一性就会消散在集体与家族之中，并且这只是被这样一种共同体及其中的每个个人世世代代的物质生活条件所主导的。——在我们看来，这种原始制度的决定性的基本特征是，所有社会塑形（Gesellschaftsformationen）中的人的生活所必需的生产与消费之间的关联，在这里的连接点位于消费的个人与劳动的个人、劳动的个人与消费的个人之间的同一性之中。因此，不能孤立地考虑个人，而只能将他们作为实际的或臆想的出生关系的血缘群体中的一员来讨论。对于所有成年的有劳动能力的人来说，生活资料的生产中仍然存在一种特定的劳动分工。但是，尽管世代不断赓续，而且劳动分工链条也被考虑进来，进行生产的人本身也还是进行消费的人，而进行消费的人本身也是进行生产的人。按照这种同一性，这种共同体是一个整体（Ganze），共同体具有的生活能力法则和组织法则存在于这种同一性之中。如果剥削在共同体中不占有位置，那么实现这种同一性就必定是规则的唯一的意义；劳动按照这些规则在有劳动能力者中间来分配，另一方面，分工的劳动所获得的单个产品则分配给所有个体消费者。在这里，人们不是自为地拥有其个人的

---

① S. 11 [Landshut/Mayer]. 参考《马克思恩格斯选集》，第 1 卷，第 67 页。

同一性，而是在氏族整体（Stammesganze）中拥有其个人的同一性，因为只有氏族整体的构序（Ordnung）才将每一个人中介为生产和消费的同一性个人；但是，它是氏族整体的自然人中联结着生活资料的生产与消费的纽带。——如果生产与消费，正如此处所说，是在生产者与消费者的自然的同一性中联结着的，那么，它们的关联就是一种直接的、实践的关联；它们是作为这些人不同的肉体-感性意义上的生存活动而联结着的。以此联结为基础，对于人们来说，其生产与消费相互地具有一种比例关系，这种关系，对于每一个个体来说，实际上实现了氏族成员之间劳动与消耗的分配。

但是此后，"生产与消费的社会分离"——我们将之作为商品等价与物化的基础——出现了。它以摧毁生产者与消费者的原始同一性为基础，物化可由如下这点来解释：当生活所必需的生产与消费的关联不再在这些人的同一性当中联结着时，那么它就必须在这些物的同一性中，换言之，必须在商品中寻找其联结。这种摧毁的原因就是剥削。

然而，这里必须在剥削与剥削之间做区分。我们对无剥削共同体的建构首先将思考引向了内在于这种共同体的、作为共同体瓦解之产物的剥削的形成（Herausbildung）；在生产力的更高发展的条件下，这也许是由外在的交换流通或者与其他氏族的暴力接触所导致的。在原始共同体的内部，这样一种内在的剥削关系的产生必然是跟生产与消费的关联、生产者与消费者的关联的物化（Verdinglichung）有关。然而，在我们看来，这并不是那种后来进一步发展为商品流通和货币流通的物化（Verdinglichung），我们在古典时代接触到了后一种物化，它最终注入了资本主义之中。作为西方之特征的理性的意识形式也不属于此时的物化。西方的发展源自于另一种剥削关系。

根据许多古代的迹象可推知，在尼罗河谷与美索不达米亚平原长期存在的剥削王国是以如下方式产生的：来自于亚洲内陆的部落，可能是因为气候变化而迁离了他们的居住地并闯入上述流域，他们征服了在此定居的民族，奴役他们并开始以占有这些民族的剩余产品来生活。

因此，西方发展之初的这种剥削是一种古典形式的、种族之间的剥削，是这样一些不同共同体之间的剥削。也许，在它们相遇之前，剥削在其内部已经发展起来了，至少，对于进行征服的氏族来说必须如此假设，然而，到此时，它们还是作为整体——这对于其内部分配同样有效——来生产其生活必需品并消费其成果。从它们的相遇中产生出来的直接的统治和从属关系，具有如下内容：统治一方不再生产他们的生活资料，因此仅消费而不生产；被统治一方不再能够消费他们的产品。无需多言的是：被剥削者的剩余产品只有因其劳动生产力的显著提升才是可能的，这种剥削王国的持续性首先是建立在剥削者建设并掌控的水利工程的基础之上的。

那种源自内部的剥削与这种源自外部的剥削之间的本质区别是，在内在的道路上，原始共同体的集体性（Kollektivität）在连续性的发展过程中辩证地消解为个人的单个生产；而在外在的道路上，被征服的一方暂时甚至长期地作为集体（不考虑其团结的不可避免的减弱）被剥削。此时，集体性的消解、生产之瓦解为其要素——土地、劳动工具和劳动力，以及这些要素向商品的转变，经历着一种根本上不同于内生发展路线的过程。这里的整个探讨所涉及的，仅仅是发现正确的方法论假设，这些假设是为了在概念上掌握西方实际的发展所必须做出的。

相应地，通过所假设的种族间的剥削，生活所必需的消费与生产的关联，变成了一种只消费的剥削者与某种程度上（pro tanto）只生产的被剥削者之间的关联。由此，消费与生产之间的关联变成了人们相互之间的一种全新联结的法则，这种联结与原始共同体中人与人之间的关联是截然对立的，即这种全新联结的原因在于，在生产者地位与消费者地位的按阶级的划分中，人的同一性（Identität）被撕裂了。我们断言，人们通过这种剥削而形成的阶级性的联结，是如下这种社会化的最初形式（Anfangsform），这种社会化通过逐步的区分和深化，在对其前提的不断突破中，规定和铸造（bestimmt und geprägt）了西方文明——从古代东方经古典世界，直至其在欧洲资本主义中的完全具体化。这个文明不是从人的原始关联（naturwüchsiger Zusammenhang）的部族中连续地生长出来的，而是从一种与部族体制清晰的、粗暴的断裂中生长出来的。如果追溯当今人的资产阶级的个人形式在血统上的最终根源，那么这条线索大概不会引向原始共同体的单个成员，而更可能回溯到西方最初的剥削关系中的统治者一方。

但是，这种剥削的实践是对剩余产品直接的、单方面的居有。交换流通对于这些古代世界的王国的开端和基础来说，可能[？－S.－R.，1970]正如对于其起源一样，没有发挥什么作用。但的确就是在它的秩序（Ordnung）进一步形成、统治阶层各种各样的奢侈品商贸出现之后，一种交换流通就在最初的、直接的剥削关系这个稳固而坚实的基础上产生了；也就是说，这是一种出于统治者需要的交换流通，但是借助被剥削者的被居有的那部分剩余产品来进行的流通。这是一种以最初的剥削关系为基础的交换流通，它是从这种关系中发展出来的，它的客体属于一个完全不同于原始交换行为对象的结构（Konstellation），这些原始交换是其对象的生产者借助这些对象来进行的。法老时期的贸易是剥削者用他们所居有的被剥削生产者的产品来进行的贸易，剩余产品的"消耗"是为了剥削者的奢侈需要而进行的购进和"支付"，并为此目的而被征收、缴纳，被库存并登记造册。关于这些交换客体可确定的是，它们是"价值"，并且，从"等价"（Äequivalenten）的等价物（Gegenwert）来看，它们是作为"商品"而被交易的。这里所使用的"商品交换"概念的意义与这种贸易——与其他政治体的对外交往中的国家贸易——是相符合的。因此，如此理解的商品总是被剥削的生产者的产品。"商品是一个二重的东西，即使用价值与价值，即"对于商品所有者（Besitzer）来说不具有使用价值，而对于商品的非所有者（Nichtbesitzer）来说则具有使用价值"，因此是"凝结在商品中的劳动的二重性"，马克思将之称为"理解政治经济学的枢纽"；据此，商品的二重性起源于剥削，而非起源于自在自为的交换。劳动作为创造使用价值的劳动和形成价值的劳动，其二重性特征可概括为剥削关系中的劳

188 动,也就是被剥削者的劳动所具有的这样两重意义:一方面是为自己和他人生产生活资料(食物、房屋、衣服),但另一方面它同时为剥削者生产财富,这是指财富的纯粹社会性概念,这一概念所指的乃是一种反映在他人的贫穷之中的财富。

作为最初的剥削关系("最初的"是相对于交换而言的)之成果的商品交换的产生并未表明:这一阶段的交换必然局限于对外经济的国家贸易之上。例如,埃及王国内部也发展出了一种交换流通,这包括上至日益专制的法老的高官,下至被剥削的生产者。但这只是萌芽而已,这十分类似于,在中世纪的壁垒之下,只存在着需要纳税的自有产品的交易——在一定程度上是为了平衡这一时期出现的劳动分工体系中相对于赋税制度的不协调之处,因此,同样地是一种具有价值特征的产品的交换流通,但这种特征是来自对上述剥削关系的反映。因而,这里的价值特征不是自发地从交换中产生出来,而是相反:交换,本身作为等价交换的交换,只能以先前的剥削关系为基础,并且只有符合这一关系的上述条件才是可能的。同时,对产品交换特征的一般化来说,主要发挥作用的是这个日益扩大的范围,在其中,被剥削者为了自己的生计而依赖于法老的税收,他们的生活资料来自这些税收,但必须通过上缴更多的产品或"赊欠"来偿还。由此,劳动就不再在时间和方式上清晰地分

189 裂为为剥削者的劳动和为自身的劳动;此外,它的产品以所有人劳动的总产品的微粒的形式,作为一般劳动的个别的部分具体化而返回到生产者那里去。产品的"价值抽象",即具体的有用劳动向一般的、创造价值的劳动的转化,也以其最初的形式,在直接剥削关系这个基础上[并在其框架(Rahmen)中]运行着。不断发展的价值一般化——其处于与生产力发展的相互作用之中——凭借生产及其技术相应的专门化,凭借合法则的市场流通,自上而下地在剥削的层级关系(Sekundärverhältnisse)中展开。所有这些已经具有了商品特征,并且,随着臣服的生产秩序集团的瓦解,成为了这样一些单一要素,这些要素使技术上更高的财富生产的联合(Kombinationen)中的独立化、被分割

的物化（Verdinglichung）以及物性的联合（Vereinigung）得以可能。但是，总体上来说，这也以最初的剥削为基础，并根据其不可或缺的前提条件而发挥作用，而且它并没有导致财富价值特征的独立形成。商品交换从直接的剥削中解放出来，以及货币价值形式的形成，这些都是在古典时期才发生的。

古典文明是通过从边疆地区移居来的希腊人、腓尼基人和伊特鲁里亚人而从对古代世界最终成就的同化中产生的。这种居有一开始就是对财富以及生产财富的方式和技术的居有，其结果是一种新的剥削和财富生产的体系，该体系将古代世界的体系作为前提保存在自身当中。因而，古典时期的财富是在古代世界的基础上形成的，或者更准确地说，在辩证的意义上，这种形成是古代世界财富生产的反思形式。希腊人共同采取了这些并不陌生的生产构序（Produktionsordnungen），并重组他们的劳动方式，以便以其既定的形式来消费剩余产品。在希腊的财富，主要是商业财富的形成过程中，以劫掠、交换或朝贡的方式对陌生的"野蛮人的"生产秩序所进行的剥削，仅仅意味着一个初级阶段——只是在后来，它才变成城邦存在的至关重要的条件。在这个阶段上，人们获得了产品，这在一定程度上是人类的自然成果。接下来，在希腊人自己那里，城邦中的希腊手工业者，后来是奴隶才利用这些自然成果生产出了财富。在这些成果中，财富价值采取了其使用价值的形态（Gestalt），剥削被物化为其制造的技术，在这个制造过程中，奴隶仅仅是与其他工具并列的一种工具。这些按照财富形成规则（Regeln der Reichtumsbildung）而生产出来的产品，是内在于希腊世界当中的，希腊世界是由可以立即交换的商品所构成的，这些产品与其他同样被生产出来的产品处于等价关系之中。只有通过这样一种已经被反思了的剥削——等价关系以此为基础和实践内容——才使得古典时期的商品交换能够导致纯粹的等价形式，即货币的形成；因此，这一形式是以被剥削的劳动者的产品的等价形式为基础的。同时，在价值的货币形式中，物化以及一般价值特征的前提，即对剥削的遮蔽便完成了。在商品同货币的等价关系中，对于人们来说，价值似乎只是一种一般地从属于商品本身的属性，在这属性的现实化过程中，人在其抽离了所有"自然物"的本质性中确证自身纯粹地作为人。<u>在此，只有同时借助对实际的事实情况的完全隐瞒和遮蔽，那实际上只是属人的、剥削的发动者身份才会回归到人，以其作为人的纯粹抽象的、"精神性的"或者思想性的本质性——在这本质性中，人同时与自身肉体的质料性相分离——的形式回归到人。</u>（在接下来的章节中，我们将会更为具体地考察与货币相关的纯粹理论知识、理智及其对真理的追问的这种辩证法。）——因此，对于古典时期的商品生产来说显而易见的是，商品交换是以剥削为基础的，并且剥削者之间所交换的产品是被剥削的劳动者的产品。

然而，最大限度地遮蔽了上述事实，并对其自身的充分解释造成特别困难的商品经济形式，是中世纪城市的商品经济，我们主要是在"简单商品生产"的名义下来思考它的。毫无疑问，在中世纪城市的商品经济中，产品是由产品生产者来交换的，并且同样是以货币经济的方式，即是作为价值来交换的。从而假象就出现了，由于这些产品的价值特征不具有劳动产品的任何自然属性，因而它最初必然出自于交换。但是，这种中世纪的商品生产，就其所有表面上的"简单性"来看，实际上是剥削在西方大范围发展的结果，并且以这种剥削的某种形式为基础，这形式同样是古典时代剥削方式的辩证反思形式，正如后者已经是古代世界的剥削体系的反思形式那样。古代世界、古典时期与欧洲中世纪的生产关系在发生学意义上的链接（Verkettung），就是为什么我们相信，为了解释资本主义（并对其进行经济分析）必须回溯到西方最初形式的剥削的原因。

以古典时代的财富形成（Reichtumsbildung）为基础的对剥削的反思，要与为欧洲的发展奠定基础的反思区分开，因为前者是剥削者方面对剥削的反映，相反，后者则是被剥削者方面对剥削的反映。中世纪商品生产者是地主原来的奴隶和家奴[并且，只有祛除他们身上的封建束缚才能去从事商品生产]①。他们的市民自由，或者更准确地说，他们对其劳动产品的市民私有，即自己出售劳动产品的自由，是被剥削的生产者从土地统治中解放出来的结果，是自然经济的剥削体系瓦解的结果。[这一瓦解的结果是，土地成为可选择的，因而这是对这一体系的积极的瓦解。在历史上，劳动生产者此时才第一次成为"人类"社会，即剥削社会的成员(与此相反，罗马帝国时期对奴隶的释放只是最终无可选择的、消极瓦解的结果；在此，劳动的人化[Vermenschlichung]只是一种空洞的尝试、一种允诺，就像基督教中对一种单纯来世的允诺那样)。]因而，市民私有制起源于生产者所有制(Produzenteneigentum)，而不是剥削者所有制。但是，这里生产者成为所有者，也就是采取个体的、独立的私人的形式的所有者，其原因在于生产与财富生产的同一化(Identifikation)。中世纪的手工业者将他们的产品作为价值、出售的价值(Verkaufswert)生产出来；并且，在产品是价值的意义上，他是产品的所有者。在他的生产中，劳动创造了价值，因为在劳动中，封建剥削关系被扬弃了，这样，这种剥削关系本身就变成了生产秩序(Produktionsordnung)。[中世纪的生产者以及城市市民已经获得了"剥削自己"的自由。]他将自己的劳动力训练为技能(Meisterschaft)，因为后者作为生产价值的能力为他服务，并且，他使得剥削成为他的独立性基础，就像马克思所说的路德教徒使得罗马神父成为其"内部的僧侣(inneren Pfaffen)"那样。[其实在最初的时候，城市也只拥有作为贵族特权的自由，并且，城市作为其市民的联合体(Korporation)，必须向王侯缴纳封建贡赋，而在之前，单个的农奴自然地有向其地主缴纳封建贡赋的义务。]城市摆脱君主的解放趋势只是随着早期资本主义的剥削形式的进程才开始的，在这个进程中，市民自我剥削者进一步发展成为其他自我剥削者的剥削者。[这条道路是这样的：从自然经济的封建

---

① 此处以及接下来的[ ]中的注释，参见 194 页(德文本页码，即本译本接下来的页下注——译者注)的注解，那是 1970 年对手稿做的补充。

主义的被剥削者,经过早期城市经济的"简单"商品生产中的自我剥削者,再到刚刚开始的早期资本主义中的陌生劳动力的剥削者。]在被剥削者向剥削者的转变过程中,商品交换与剥削之间的制约关系发生了倒转,这对于资本主义来说是决定性的。在之前商品生产的所有形式中,商品交换都是以剥削为根据的,并遵守剥削的法则,然而,从这种倒转中产生出来的是,剥削以商品交换为根据,并遵守商品交换的法则。由此产生的"经济上"有条件的剥削,不再只是被遮蔽在商品的形式规定性当中的,而且也还是仅仅以商品交换的形式发生的[因此,它是一种剥削的独特现象,它遵守非剥削的平等法则]。马克思对这种现象的解释是,按照发展起来的市民私有制的法则,剥削者与生产者之间的关系转变为一种交换关系,转变为作为商品的劳动力的购买和出售的关系。[社会的交换关联的完成,即是所有权与劳动的完全分离。]交换关联(Austauchzusammenhang)掌控了整个社会,并使自己变成唯一的居有体系。<u>在其中,被剥削的劳动者作为自身劳动力的出售者,自己变成了遵守居有规则的人,并且,劳动变成了抽象的人类劳动,变成了一般人类劳动</u>(?)。① 随着商品形式及其物性(Dinglichkeit)的充分实现,它的对立面,即物质实践,同时被人化了;随着剥削者一方的理论主体性的完成,被剥削阶级变成了实践主体。[也就是说,资产阶级的发展与无产阶级的发展是辩证地结合着的,并非仅仅是实用地(pragmatisch)结合着的。]

---

① S.-R.-1970:这种秘密的原理——本雅明正确地加上了问号——通过上面方括号中那句话(即"社会的交换关联的完成,即是所有权与劳动的完全分离。"——译者注)应当变得更容易理解。其意义在于,我将在与"自然"相对立的意义上来理解的人的存在意识追溯到内在于社会的居有实践,而不是追溯到劳动。劳动,只有当其处于发达的居有关系当中时,即劳动作为商品生产劳动和被剥削的劳动时,才第一次具有了"属人的"性质。这种重心转移与将普遍化归结为交换抽象处于不可分割的关联中。——1937年,我还不明了这些,还不能更加清晰地表达我的出发点所导致的结论。

## 6. 作为物化起源的剥削

商品交换是剥削的反思形式。在商品交换的不同历史的形式规定性①中,哪个是它的实际内容,这要取决于剥削关系,后者作为前者的基础,或者前者将后者扬弃并包含在自身中,或者后者从自己方面导致了前者。因此,应当从剥削,而不是从商品交换出发。——接下来我们只能做一些提纲挈领的简述。

物化(Verdinglichung)的历史起源是剥削。劳动产品不是作为商品,而是作为直接的、单方面居有的对象,才是原始的物(Ding)。历史上首次同一地存在的物——这个例子基本上得到理解了——指的是贮藏于法老国库之中的埃及臣民的产品。居有对象(Aneignungsobjekt)的物性的同一性不是这样的:被占有的、由被剥削者所生产的产品,同时就是由剥削者所消费的使用客体。它是作为物,通过居有,被同一地从生产者让渡到消费者那里。居有对生产是如此陌生,以至于它只关心物会不会腐败或丢失。居有客体的物性同一性恰恰是<u>原始共同体中个人同一性的对立面(Gegenstück)</u>②,<u>后一种同一性的内容是,借助氏族中劳动与消费所构成的分配秩序(Verteilungsordnung)的中介</u>(这恰

---

① S.-R.-1970:这有必要称为广延(Ausdehnung)。根本上来说,商品交换的形式规定性是不会改变的。发生变化的是程度,在其中,商品交换穿透着人们的定在关联,比如,这程度是否只有助于消费的多样化,是否作为单纯的奢侈消费或也作为大众消费,或者它是否以及在何种范围内也贯穿于生产之中。不同的形态依赖于它在这种意义上的广延度,交换的自在自为的、不可改变的形式规定性,例如价值形式是否采取货币形态,货币是否以及以何种方式也已作为资本起作用,等等。上面句子中"形式规定性"的表述所意指的,正是商品交换的这种形式形态。

② S.-R.-1970:应当说是反题性质的对立面(antithetische Gegenteil)。的确,这能够取代我那错误的表达方式(指 das genaue Gegenstück——译者注),后者导致本雅明做出了上述边注;因为,实际上,这句话在第 183 页第 2 段(德文本页码及段落——译者注)中已经表述过了。

恰不是同一性!?),生产的个人同时就是消费的个人。物化（Verdinglichung）是人的生产权与消费权之间同一性分裂的结果,这种分裂是由于剥削而发生的。在物化的历史辩证法（geschichtliche Dialektik）中,物化最终导致劳动阶级组建为主体,这主体能够扬弃这一分裂,能够有计划地在现代生产力的基础上建立起生产权与消费权的社会统一。

劳动产品的同一化与物化由剥削的居有实践来实现,正如[基于相反的根据]原始氏族当中个体同一性由氏族的分配实践来执行(?)。因此,为了持久地建构剥削关系(不同于劫掠),必须被组织化的是居有,它所依凭的是剥削者对被剥削者的稳固的统治。剥削的,以及所有建立在剥削之上的社会组织与生活秩序的理性（ratio）,就是居有的理性（ratio）。

**同一性的关系是剥削的居有关系。**它们随着后者的居有方式而变化。在之后的阶段上,当作为奴隶的被剥削劳动者被交换,并作为商品而为其剥削者占有时,同一性经历了一种反思,并作为居有的中介被经验地体现在货币之中。在下一节中,我们将证明的是,同一性——在其中,剥削者不仅是其居有的客体,而且其自身也被反思为思维着的主体——是货币,剥削者用它来购买奴隶,并且对剥削者而言,身体因货币而异化为物（Ding）。但这绝不是说,剥削者的物化了的身体——对奴隶进行剥削的人作为思维主体与这个身体区分开来——是奴隶:他的物的质料性（dingliche Stofflichkeit）等同于金的质料性,金作为货币是与奴隶相等价的,正如主体的同一化的思维功能等同于作为货币的金的等价功能一样。因为劳动将自身物化于奴隶之中,作为物之关联的生产必须被建构起来,从而它就能够在一般剥削的居有体系内发生。

剥削的居有关系是剥削的消费者与被剥削的生产者之间阶级性的社会化关系。由于剥削的居有关系只是同一性的关系,因为它们是生产与消费这对分裂的属人的两极之间的物性联结关系（dingliche Verbindung）。这意味着,**同一性的关系先天地是剥削阶级的社会性联**

**结关系**,这种联结遵守着生活所必需的生产与消费的关联之规律。

这种在原始共同体中的实践关联(praktische Zusammenhang),通过剥削而变成一种人所陌生的、外在于人的、作为"第二自然"统治着人的定在的因果性,即价值规律的因果性。对于剥削者来说,他们的消费不再以生产他们的消费品时所需要的劳动为尺度,因为他们不是通过劳动,而是通过一种建立起来的居有的社会机制来获得这些消费客体的。同样的,出于相反的根据,对于被剥削者来说,他们的劳动也不再以消费的量为尺度。在此,生产完全不再按照消费的条件来进行,而消费也不再按照生产的条件来进行。取代了尺度的是货币关系,即居有关系(Aneignungsverhältnisse),生产与消费只是通过这种关系以盲目的方式得到中介。出于这些根据,并且是为了这种因果性的缘故,神秘的价值有效性覆盖了劳动产品。一般而言,以剥削为根据,生产与消费只能够按照居有的理性(ratio)来组织;并且,这是在价值的视角下,按照同一性的、物的形式(Dingform)的和定在的规则组织起来的。

生产与消费的因果关联通过中介环节,即通过居有客体与价值的同一性而具有了等价形式。被居有的消费就其总体而言[即在总的社会框架(Rahmen der Gesamtgesellschaft)内]必须等于完成了的生产,不是因为消费与生产自在自为地处于这样一种相等关系中,也不是因为它们被量化地测定,而是因为它们之间具体的尺度关系被破坏了。相等也不是直接存在于生产与消费之间的,而是作为对价值——在这一点上,生产和消费具有了量上的规定性——的交换关系存在于二者之间,但却是作为抽象的、不相干的质。对于进行剥削的消费者来说,这个相等产生了如下效果:劳动的所有能够被居有的价值都必须被创造出来,并且价值在量上等于劳动;而对被剥削的生产者来说,相等产生的效果在于:他们的产品只有为消费所中介时才有价值。这两种相等没有关系,尽管社会的存在依赖于它们最终的一致。但是,对此具有决定意义的只是盲目地指向这一结果的行为。在作为商品的价值的交换中,即在我们所理解的意义上的剥削者之间的交换中,生产与消费的价值等同包含有等价的反思形式。按照这里提出的观点,等价假定了:每一个交换者从一种剥削关系中获得其商品。等价是一种假设,是关于生产商品与消费商品二者之间的价值等同的交叉重合(kreuzweise)的假定。在等价关系中,这两种商品涉及四种人,即两个进行交换的剥削者以及他们的被剥削的生产者,并且,这两种商品中的这四部分之间的关系,相互交叉地存在于相对价值形式与等价形式的位置关系(Stellenverhältnis)之中。也就是说,在交换中,商品的等价以剥削为基础,并将之作为前提纳入自身之中。前者是后者的反思表达。

居有(单方面的或相互的)实践不是生产实践,而是生产实践的对立面。在按照居有规律而进行的社会化中,绝不会实现这些规律中假设的生产与消费之间的相等。在剥削的基础上,对立是不可消除的,因为恰恰是剥削自身产生了对立,并且每一时刻都在不断更新这种对立,使其因居有方法的不同,也就是说因剥削的社会形态的不同而不同。这就是剥削的社会化的根本性失败的辩证法,这种辩证法将剥削从一个居有体系推进到下一个居有体系。因为,这些体系自身出了问题,而它们自己又变成了这些问题的答案;并且,在对其前提的不断更新的反思中,剥削最终必须具体化为与生产的完全同一,也就是说,具体化为资本主义。但是,在资本主义中,价值规律的辩证法,即居有与劳动的对立——这种对立对早先居有的实际法规(Faktizitätsgesetz)发生了影响,作为这种秩序衰落的缓慢发生作用的不幸定律(Fatalitätsgesetz)——采取了直接对抗的形式:劳动,即单纯抽象的人类劳动,按照商品等价的居有平等而产生了剩余价值的不平等;并且,经过发生—不发生—危机—不发生—再发生—繁荣的过程造就出商品生产。实际上,资本主义循环的实存形式,正如黑格尔提出的辩证法那样,是存在(Sein)与非存在(Nichts)之间的实存(Existenz);只不过,它不是"这个"存在的"这种"形式("die" Form "des" Seins)。

如果将有劳动分工的血缘群体中人们的无剥削的关联称作"原始的"社会,那么,从剥削中产生的、按阶级方式交织在一起的联系就叫作

"综合的"社会。在化学中,人们在理解一件综合的产品,例如合成橡胶时,就其使用目的而言,认为其是一种与"自然的"材质具有相同特性的人造材质。物性的(dingliche)社会化在如下方面类似于化学上的综合:不同于"尚未脱离自然物种关联之脐带"的原始共同体,它完完全全是人的作品(Menschenwerk)。它纯粹是剥削的结果,即人类行为的结果,这种行为不像劳动和消耗那样涉及物理的生命必然性,而是涉及一种人与人之间的关系,即便考虑到人的劳动和消耗也是如此。只有通过将生产活动与消费活动纳入到人与人之间的剥削关系中,人才开始将其"人的"本质从其作为单纯"自然"的物理的生命必然性中提升出来;并且,反过来说,生命的这种有限性开始通过作为盲目自然因果性(blinde Naturkausalität)的生产和消费掌握了其人的存在(Menschsein),这个存在的意义与它的行为相反。这种社会化与化学上的综合的不同之处在于,后者是由其创造者计划好了的,并且是按计划引起的,相反,人的阶级性的定在关联则是由剥削者无计划、无意识地引发的(ungewollt und unbewußt geshieht)。因而,真正的人类事物(Menschliche),它是自行构成的(sich ausformt),恰恰是人所不能控制的(unbeherrschbar),是人的异化了的存在。剥削者所计划的,按计划来进行的(在最初的时候,即在直接的统治关系从属关系中),是居有陌生的产品;但是,这所导致的结果,即遵守一种经济的自然因果性规律的物化与社会化,绝对是其行为无意中造成的后果。然而,区别并不像它看起来得那么大;因为像剥削者一样,化学家不是他所解决的任务的提出者,并且也像前者那样——这涉及其综合在经济上的效果——不能预见到后果。毋宁说,实际的区别是,化学家恰恰是意识到综合了的,而在社会化中则相反,综合是盲目的(blind)。但这并非偶然。如果物化的社会化不是已然在这个概念的内在意义上是"综合的",那么无论是化学的综合或是其他科学的综合,还是哲学上的一般的综合概念在历史上都是不可能产生的。

在建构(Konstitution)阶级性的社会化时,应用综合概念是一个有效的策略性手段(strategisches Mittel),以用唯心主义自己的武器来打击唯心主义。因为,为了恰好能够解释由主体自律所承担的这种现象,解释自然科学的实验方法,解释一种先验综合的唯心主义基础,就可以针锋相对地提出如下主张:如果要说有"综合",那么只有一种实际可证实的综合,它只能是出于人类的创造,是使得所有概念知识和科学成为可能的综合——它就是人通过剥削而进行的阶级性的社会化。按照先天论用来为其综合概念奠基的那些标准来说,这是"综合的",就是说它是一种依据同一性关系的联结(Verbindung nach Realtionen der Identität);并且,它是这种联结中原初的一类,因为在历史上,作为定在与物的形式特征的同一性最初是从剥削关系中产生出来的。**所有理论知识无论从逻辑的意义上还是从发生的意义上都要回溯到建构性的综合**(konstitutive Synthesis),**这种综合是由剥削造成的物化和物性的社会化**(Verdinglichung und dingliche Vergesellschaftung)。**在对这一原理的证明中,对唯心主义的批判性清算可以总结为对二律背反的清算,在这个二律背反中人自身的理性与物化的拜物教**(Fetischismus der Verdinglichung)**纠缠在一起**。

在发生学上将一种思维方式解释为出于社会存在的,并以此剥夺其有效性价值,将真理概念说成是阶级统治的多余的偶像,这是一种庸俗唯物主义的错误。唯物主义的批判,不是针对思维的有效性特征与理性的真理概念,而只针对这二者的拜物教化,即只反对将二者变成永恒的有效性和绝对真理的独断化,这是因为这种独断化违反了理性,是错误的思维。这就让我们非常清晰地认识到,例如在文德尔班的斯特拉斯堡大学的就职演说中的那种思想进程中,有效性概念的唯心主义绝对化是如何通过二律背反(这里它卷入了起源问题之中)导致对理性及其有效性要求的否定的。就最终结果而言,先天论唯心主义的最终结果与庸俗唯物主义是一致的,反之亦然。思维的合理立场,既不是将有效性绝对化以反对起源,也不是将起源绝对化以反对有效性,而**是克服它们的二律背反。这种克服发生在这样一种方法论立场中,由此立**

<u>场出发，理性思维被解释为**必然受到社会限制的思维**，以至于其社会条件被证明为**其有效性的根据**。因为这样一来，起源就被证明为有效性的尺度，思维的全部有效性和真理被证明为历史地有限的。</u>（如果这一立场是正确的，那是很伟大的）

但是，我们在方法论上对综合概念的兴趣，正是为了提出这个任务。综合概念是由康德表述出来的，为的是探明知识何以成为有效的知识，当然，出于唯心主义的意图，他是为了将形成知识的综合说成是内在于精神的先天综合，或者换个说法，证明其按照单纯概念（不是作为时空问题）的可演绎性。就此而言，黑格尔与康德没有区别。黑格尔虽然将综合理解为知识的起源，并由此而求助于辩证的思维方式，但是他将这种综合简化为纯粹哲学，因而将辩证法变成了绝对真理的体系，对有效性与起源之间的二律背反的克服也就变成了一种单纯形式上的克服。唯物主义在反驳综合的先天性的同时，才提出了对其进行现实的、历史的研究的任务。对于唯物主义者们来说，这种研究可以概括为对物化的分析和探究，而不是像唯心主义者所认为的那样，是"知识"的自我分析。另一方面，对物化的分析重新发现了如下任务：阐明知识的历史起源，阐明知识的批判性尺度。因为，只有当物化自身被回溯到它历史的、属人的和实践的根源时，它才可以被理解为有效知识的历史起源根据。知识形式（Erkenntnisformen）在起源方面的不可解释性意味着没有充分地穿透物化。知识的先天假象总是与被物化的存在的事实假象相应的。先天唯心主义只有与庸俗唯物主义一道才能被清算，反之亦然。

我们试图弄清以下这点：物化出自剥削这一根源。在这根源中，同一性、物形式和定在（Identität，Dingform und Dasein）有其历史的、属人的和实践的起源。<u>同时，它们是这一起源的否定形式：同一性是对物化的实践起源（praktische Ursprung）的否定，物性是对物化的属人起源（menschliche Ursprung）的否定，定在是对物化的历史起源（geschichtliche Ursprung）的否定。</u>（！）在对它们起源的这种否定特征中，它们是人们——他们处于从事剥削的消费者与被剥削的生产者的关系之中——的阶级性的社会化联结形式。另一方面，通过这些联结形式（Verbindungsformen）或通过其物化的中介，阶级性的社会化拥有了综合的形式特征。据此，对理性知识的历史起源的解释面对这样一个问题：社会化综合在逻辑上的反思，或者说主体性的产生是如何发生的？

## 7. 货币与主体性

我们是在认识主体的意义上来理解主体性概念的。认识主体观念的前提是这样一种自我反思，在这种反思中，个体将"自身"理解为思维着的存在物，是与其肉体以及在时空中的所有质料性的东西分离开来的，是独立于物理的-空间的变化的，独立于其身体和其他事物的变化的，是与自身同一的东西。"我"的本质是被理解为非物质的实体还是思维单纯的功能承担者，这对于我们的研究所关心的普遍性并没有什么影响；<u>先对我们的主体性做一个解释，需要注意的是，这与货币材质的货币功能在经济上的可替换性相关。从术语学上说，这种被当作思维着的存在物而与肉体相分离的"我"被命名为"理论主体"（theoretisches Subjekt）。我们关于其历史起源的解释是，理论主体是从人借助货币而进行的同一化中产生出来的。理论主体是货币的占有者。</u>

马克思将货币称为"一般商品"。让我们回忆一下，商品的这个一般化过程要追溯到哪里。同一性的原初形式是直接剥削关系（也就是说，通过单方面居有而实现的直接的统治与从属关系）中被居有的产品。货币产生的历史，并不同于同一性形式相对于被居有产品的独立史。同一性形式独立为货币，是在对原初剥削关系的更多反思的阶段上发展起来的。最初形式的商品交换发生在法老们与相邻的剥削王国的首脑们之间,这些王国一部分是在这种商品交换过程中才产生出来的;这种商品交换的形式已经包含了剥削关系的反思本身,即此处与彼处的剥削之间的等同。与最初的商品交换同时发生的是,受剥削的生产者第一次从其原初所从属的生产集体秩序的不可分的整体中摆脱出来,也就是奴隶作为这一秩序中的人的组成部分摆脱出来,这一部分是与构序中的事物性的(sachlich)、非人的、可分别占有的要素相对立的。在埃及和古代东方的国家贸易阶段,奴隶已经变成不同于物态商品(后者是已贮藏起来的、被剥削的生产者的产品)的交换客体。等价普遍化的"价值抽象"只不过是对物质劳动条件[生产构序的事物的要素(Sachelement)]给被剥削的生产者造成的物性形式的抽象的表达,这种抽象与生产者的产品的专门化相对。如果不进一步逐级追踪这个发生过程,我们要问的是,商品价值的货币形式中的这种抽象究竟达到了何种程度,获得了何种形式的规定性。①

按照马克思的说法,货币作为居有客体的物同一性和价值有效性的具体化,是"简单的和共同的,因而是一般的"②价值形式,是所有居有客体相互之间的可交换性形式。"作为价值,它们[商品]是相同的,

---

① 必须要注意的是,这里完全忽视了发展的一个方面。通过剥削关系而进行的阶级性的"社会化",其最初形式是国家。在国家中,单方面居有的直接统治关系的物化是剥削的最初物化形式,国家权力的统一是居有的最初的社会同一性关系。在此,<u>人的消费实践与生产实践在时空中的深刻分裂开始变成了被物化之物(verdinglichten)的时空秩序,变成了事实;国家命令的法则特征是最初的"理论的"有效性特征,国家是首个从"现象"中提取出来的拜物教的"本质性"。但是,在这种完全自然经济形式的剥削中,本质与现象还是不可分离地交织着</u>,被居有的产品的价值特征与其使用价值的实物形态还不是分离的。因为居有的直接组织——只是在这个居有中,价值规律的辩证法才得以开始——才刚开始缓慢地使居有与生产相矛盾,因此这唯一有计划的形式对人们自身来说就不具有合理的特征,而是具有神秘的和神话的特征。只有当剥削的矛盾摧毁了财富形成(Reichtumsbildung)的有计划性和社会可控性(Kontrollierbarkeit),居有的理性才会变成属人的理性。(在这部手稿中,"财富"的表述完全是在与"贫穷"相对立的意义上来使用的,即在阶级性的占有与阶级性的非占有之间的对立的意义上使用的。)

② K. Marx,》Das Kapital《 I, *MEW* 23,79.参考《马克思恩格斯全集》,第23卷,第81页。

是同一劳动的化身或劳动的同一化身,是金。作为同一劳动的同样的化身,它们只有**一种**差别即量的差别……"①但是,劳动——货币是其价值的对象化——是被剥削的劳动者的劳动。价值抽象将商品抽象为一般化的、适用于所有商品的同一的等价形式,这其中包括了被剥削的劳动者的抽象化,即将它等同于抽象的人类身体②。货币关涉的是被剥削的劳动者的一般性,这种一般性意味着,他生产出可相互交换的商品,生产出可转化为货币的一般价值,因而对于任何商品和商品类型的生产而言,他本身被认为是可与其他任何被剥削的劳动者相交换的。商品与货币相对应的一般可交换性,包含着商品生产中的劳动者的一般可交换性,包含着他们作为同类的劳动人类物(arbeitende Menschendinge)的一般商品形式性。只有在这种类同性的基础上,他们才能互相区分。

另一方面,在货币的形态中,源自居有的物形式(Dingform)本身成功地成为了实存的形式(Existenzform)、中介的手段。作为货币,金或者其他的货币材质无非只有一个目的:为其占有者购买、获取商品。在货币中,剥削者的居有行为获得了功能性特征。在发生学的意义上,我们将功能定义为剥削者物化了的居有行为。对其内容的定义则依赖于居有的诸反思阶段(是货币功能、因果功能还是数学功能,等等),但是最终,对内容的定义必须始终被规定为关系的转化,在这关系中,剥削者的居有行为处于原初剥削关系的状态,它一边是被剥削者的生产,另一边则是剥削者的消费。功能概念包含了这两种行为——就物化而

---

① K. Marx,》Zur Kritik der politischen Ökonomie《,MEW 13, 50. 参考《马克思恩格斯全集》,第13卷,第55页。

② 这样,在剥削的欧洲反映阶段——它承接了古典时期货币形式的价值,货币向资本的转变包括了这样的等同,即将被剥削的劳动者等同于抽象的人类劳动力,等同于社会平均雇佣劳动者。劳动分裂为创造使用价值的劳动和形成价值的劳动,正如我们之前已经看到的那样,这种分裂是与因剥削而来的产品的价值特征一道产生的,任何形式的剥削都内含有这种分裂;但是,不同形式的剥削是通过被剥削者的不同类型的物化和商品形式来区分的。

言,则是两个进程——的关系,在这两种行为中,一者只能通过自己的发生来触动另一者的发生。

这种触动的发生是剥削的假设前提,在这种剥削中,生产借助于居有并遵循居有的理性发生。功能概念最初的假设是剥削的功能化。这个概念包含有如下虚构:居有的综合是生产与消费的综合;但是,它通过如下这点表明了这个混淆(Quidproquo),即它将后一种综合——其只能是一种属人的-实践的综合(menschlich-praktisch)——表达为功能综合,也就是说,表达为物与物的进程之间的关系。功能关系是剥削者对被剥削者的身体上的强制的物化形式或形式化,剥削者为了让被剥削者为其劳动而施与这种强制。<u>作为货币功能,居有与生产的关系采取了假设的形式:剥削者之间的商品-货币-交换触发了具有货币价值的商品的生产。由于进行劳动的奴隶商品(Sklavenware)也是剥削者用货币来交换的商品,因而这种触动是成功的。</u>只有当商品的社会交换过程促使被剥削者"自愿地"进行劳动,也就是说,只有在资本主义当中,充分的经济功能关系或充分地被功能化了的剥削才得以存在。

货币是"一般商品",因为它是所有商品在社会上有效的居有中介。货币与其所购买的某一件商品之比,等于直接的剥削关系中居有者的行为与居有客体之比。在剥削财富形式双重化(Formverdoppelung)为商品形式和货币形式的过程中,剥削关系的两极性(Polarität)被物化(verdinglicht)为商品之间的相互关系,其方式是:商品中的一员,即黄金,变成价值的唯一代表;这价值是被剥削的生产者的所有产品中所包含的,然而它只能由居有行为来实现,通过居有行为,剥削者获取了该价值。货币是居有的反思形式,并且货币也出于这个理由在它的使用过程中要求与其占有者相同一。在古典时期,这种占有者就像西方资本占有者那样,只是剥削者;因为在古典时期,货币是剥削的功能性工具,是居有奴隶的手段。<u>我们认为,货币占有者仅仅出于货币是什么这一根据而与货币功能相同一,这种同一化是理论主体的源始行动(Ursprungsakt)。</u>当然,在此,我们对货币及其历史起源的分析还不充分，在此对主体性进行的这种起源上的建构，当然只能极为粗略地一笔带过。

货币是居有的辩证反思形式，是抽象的一般性意义上的物性功能载体(dinglicher Funktionsträger)。对货币来说，我们不能看出，它作为居有手段是服务于谁的，是什么东西借助于它而被居有了。正如货币能购买所有商品那样，它能够在所有人中间易手，而且这恰恰证实了它的同一性。所有商品都可以交换为货币，而所有货币的货币占有者都是可变换的。此外我们已经看到，与货币占有者相对的一极是，具有货币价值的商品的被剥削的生产者不仅彼此可以替换，也可以在货币占有者之间进行交换。由于货币占有者与其货币的功能相同一，从而成功地与所有其他可能的货币占有者相同一。货币占有者同一化为货币的物化的、功能化的居有行为的简单的、共同的和一般的主体，这一同一化关涉在所有通货和所有人的货币中的货币功能的同一性，并且只要作为货币的黄金的有效性与一般的货币功能的同一的统一结合在一起，它便也涉及货币。在所有主体的单一形式的、一般的主体性中的同一性中，涉及的是货币功能的**单纯有效性**，这种有效性不是黄金的特性，而是作为货币的黄金（或一张纸片）的**功能性**特性，因而是某种完全非物质的东西(etwas ganz Immaterielles)。——另一方面，这种货币功能只能由这样一种通货来执行，其材质决定了，是否支付，是否足够，人们实际上是否能够购买商品。通货的材质，即金或纸币的纸张，仅仅服务于通货功能的物质化，并给予这功能以必要的实在性，以便能与其他真实的商品关联起来。<u>货币的材质是购买功能的单纯定在的标准，并以其数量来衡量其他物质性商品的定在</u>。(?)但是，这种材质——在此，它是货币与商品的实在性的标准和尺度——只是作为商品现实存在之根据的劳动的物化(Verdinglichung)，或者说，是被剥削者的劳动的物化，是劳动者生产商品的有形活动的物化。商品的材质及其等价物，即黄金，是肉体劳动者的劳动的"化身"，是奴隶的肉体性，这种肉体性通过劳动而转移到商品之上，并在商品中被物化了。正如货币占有者在(同一性的)单一形式的、一般的货币功能方面被识别为有效性的非物质主体一样,在其货币的材质方面,他被识别为纯粹物质的身体,只有这个身体才创造了其主体性及其有效的行为的定在。按照货币占有者的思维有效性,他是与所有其他货币占有者相同一的——他:因而也是其他人;但按照他的身体的实存——他:因而不是其他人。当涉及对作为黄金的货币的拥有与非拥有时,所有剥削者都是相互否定或"对抗性地"排斥着的;然而,当涉及作为货币的黄金的有效性时,所有这些剥削者就形成了同一个剥削者共同体(Ausbeuterschaft)。(?)剥削者共同体具有阶级的形态,但是,在古典时期,这共同体完全是人的阶级(Menschenklasse),因为只有剥削者才是"人",只有他才有权占有货币,并且只有他才是自我反思的主体;相反,被剥削者丧失了人的存在,是纯粹物理意义上的人形之物(Menschending),是"主体"的"客体"。剥削者身体的质料实在性(stoffliche Realität)是抽象地属人的奴隶身体的质料实在性,但是,这不是就劳动而言的,而是就货币材质,即金的质料实在性而言的,凭借这种实在性,金能够购买其他物质性的商品。这就是将所有劳动都抽象化了的身体,因为它只能依靠劳动的产品而生存;借助于这个劳动,奴隶的身体被同一化了。作为主体的货币占有者所拥有的只是劳动的理论,而奴隶所拥有的则只是劳动的实践。劳动的理论与劳动的实践分别被分配给剥削关系中的两个对立的阶级。这两个对立的阶级再也无法认清自己了。然而,劳动理论,即物化为货币占有者的剥削者的理论又如何呢?

这种理论是"一般主体"的理论,这种主体在其知识领域内遇不到其他主体,因为它自身就是所有可能主体的有效同一性(Geltungsidentitaet)。但是相反,从它的感觉的组成部分和思维的行为实在性方面来说,这种理论是孤立个体的理论,因为他的身体成了他与所有其他个体相疏远的根据。主体理论单纯是劳动的理论,而劳动的实践则被陈述为以理论的方式建构起来的技术(konstruierte Technik);但是,这种理论的思考对象不是劳动,而是劳动在商品中物化而成的物质，以及由这种物质所规定的物的定在（Dasein der Dinge）。只要剥削者是主体，劳动就将他异化为与"人"相对立的"自然"，因为剥削者与商品生产的联系只能为商品的社会交换过程及其功能秩序所中介。为了将劳动组织为商品价值的生产，那么剥削者就必须将这一中介的功能关联（Funktionszusammenhang）再生产出来——只要这一中介按照货币的统一功能而是物化的一种综合的、自身封闭的关联。这种剥削的自我封闭的物化关联（Zusammenhang der Verdinglichung）在思维上的再生产，以剥削者与货币功能的同一化为依据，因而遵循思维统一的原则；这种再生产与生产相关，或者说，就其按照这种物化关联的内在根据，即理性地将其作为物的物质性定在关联再生产出来而论，它是有效的"知识"。据此，理性的自然知识就应该是生产的自我封闭的物化关联的再生产，它遵守着社会的、通过货币而得到功能化的居有法则。

　　1970年增补：今天，我果断地远离这种建构方式（Konstruktionsweise），因为它没有避免社会学上的唯心主义危险。关于主体性的传统知识理论的唯心主义被运用到了作为主体性之根源的社会之上。引起这种错误的原因在于，这种理论不是建立在一种透彻的商品分析或交换抽象分析之上的。此外，这种建构的缺陷还在于，按照欧洲模式来理解古典时期的思维方式，因而是一种误解。古希腊时期的剥削者没必要提出生产的理论，因为他可以购买或训练具备最符合他们心意的能力和技能的奴隶，因而支配着所谓作为属人的自然特性的生产技术。古希腊哲学也没有认识到这里涉及的主体概念。我当时对古典社会及剥削秩序的解读是错误的。在古典时期，也就是说在希腊哲学的主题中，理论理性并不是使生产成为可能的科学手段，而是使用货币的阶级获得并维护社会统治的意识形态工具；这种社会统治在最初涵盖整个城邦，并且能够是民主的，但是，随着时间的推移，逐渐变成了大货币占有者与大奴隶主的寡头政治。根据《资本论》(第 1 卷)第 299 页①(1903)那个著名的脚注,古典民主的有效基础,即"古典社会全盛时期的经济基础"是"小农经济和独立的手工业生产"。这是古典时期商品经济初期的情况,即在货币经济之结果充分产生影响之前,也就是在"奴隶制真正支配生产以前"。只有到了希腊化时期,大货币占有者才不再只是奴隶主,而是成为社会中逐渐大规模使用的技术性生产资料的所有者。只有在此时,后来欧洲意义上的科学思维得以产生的条件才成长起来。如果没有罗马帝国的扩张,没有民族迁移的介入,希腊化的发展将会如何继续进行,它是否真的能够由此而导向生产资本主义,这是一个吸引人的但却无法回答的问题;也就是这样一个问题,即资本主义,就其本质而言,是历史辩证法的逻辑结果,还是实用的偶然产物?

这种知识在逻辑上的形式规定性,即其"范畴结构(kategoriale Struktur)",是社会的综合性商品交换关联,这种关联被转译为了"逻辑",只要这一关联按照其功能,即居有功能触发了商品生产。凭借剥削者与货币功能的同一化,在主体性本身的起源之中,生产的社会性的中介关联(Vermittlungszusammenhang)被成功"转译"为逻辑。<u>理论的自然知识的逻辑范畴,通过对商品生产的每一社会功能性关联的足够准确的经济学分析推演出来了。</u>

唯物主义通过物化分析(Verdinglichunganalyse)来反驳唯心主义的知识理论,并通过证明"范畴"可以从社会存在推导出来这一点来驳斥关于先验综合的主张。构成性的综合是剥削的历史性物化过程(Verdinglichungsprozeß),这个过程采取了通过剥削所引起的人类物性的社会化过程这一形态。只要物化的被反思的体系性关联

---

① 此页码为德文版《资本论》的页码。中文版参考《马克思恩格斯全集》,第 23 卷,第 371 页,注释 24。——译者注。

(Systemzusammenhang),凭借商品价值的货币形式的产生,变成了商品生产的自我封闭的中介关联,也就是成为了单纯通过交换的剥削的封闭的中介关联,那么理性思维的体系关联就是这种物化的反思过的体系关联。

<u>在主体性中,发生了剥削者与剥削的始作俑者的身份的同一化。但是,这种同一化是作为这种始作俑者的身份已完成的物化结果而发生的。作为主体的人的自我同一化,即人的发现,乃是作为被物化之物的人化</u>(Vermenschlichung des Verdinglichten)<u>而发生的</u>。(!!!)包含着物化的环节(Glied)导致了人与这一环节的同一化,并导致它将自身规定为人类主体。这种主体存在对人来说具有物化的形式特征(Formcharakteren),具有作为在思想中自身统一的同一性的形式特征,具有其身体的物形式,以及其作为独立个体人格的定在的形式特征(尽管存在着劳动分工,在这当中,个人丧失了其全部的独立性)。由此,这就使得人自身的起源及社会存在被遮蔽了,变得愈益难以透视。这种构成性的遮蔽关系的印记,就是主体性的真理概念。真理概念只是为那种以自身为根据的、对客体的原因进行着反思的、理性的思维所特有,并且,这一概念是奠基于自身之中的、与存在相同一的根据的概念。将真理问题建构为对人——作为理论主体——的遮蔽结构(Verdeckungskonstitution)的表达,这在赛思女神(Sais)的被遮蔽的形象这一比喻①中获得了其神话表述。通过这样的解读可以获得这个比喻的意义,即不是对真理的揭露扼杀了人,毋宁说,人从他的世界出发,借助于真理问题而来到女神面前,这个世界乃是人的死亡世界。

<u>对于人们来说,伴随着理性之光冉冉升起的,是人自身存在的被遮蔽。理性之产生,是作为按照完全异化的条件来组织生产所不可或缺的社会手段</u>。当生产为使自身成为可能而需要理论理性时,人们之间

---

① 这个比喻流行于古希腊和早期启蒙运动,它源于古埃及神话中的女神塞斯(Sais)。她被理解为自然的化身,其面纱不能被有限的人揭开。——译者注

生活所必需的社会关系就变得不可控制了，它是价值规律的经济因果性的盲目结果。由其起源的诸条件出发，理论理性的辩证本性就得到了解释。一方面，它作为人的存在的遮蔽和异化，是使陌生的东西成为属人的事物的手段。另一方面，基于其产生条件的既定基础，也就是基于剥削，它是有其合理内涵的，也就是说它作为手段，在物化了的、功能化了的居有关联中使得生产成为可能。然而，就此范围而言，使它能够具有这种功能的恰恰只有剥削。<u>主体性就是陌生之物的人化(Vermenschlichung des Fremden)，理性是暗淡之中的眼力；与此同样重要的是，理论上的人是作为主体的物形式(Dingform)，他的知识是剥削的不可辨识的伪装。</u>

一旦人们的综合性联结功能构成了社会，那么货币，也就是他们确切的对立面，就将人的个体形式构成为人格(Person)，为自我的定在(!)构成其个别性，为所有自我的思想构成其纯粹的有效性的同一性。但是，这些自我的这种有效性关联为了这些自我而将物的客观结构构成为"自然"。人的定在的社会性关联本身按照居有在这个领域中的功能化的同一性关系，"在人的头脑中"，转化为作为自然的物(Dinge als Natur)的客观规律的关联，而所有人都必须生活于其中的社会，则转化为了这样一个世界的表象，在其中任何物都必须共属一体才能够实存。在理性自我的思维中，它作为唯一的主体与"世界"相对立，以按照如下原则来思考这个世界：一个人吃一块面包，不能让他人饱。这种思维是有效的，因为这在这样一个社会中是必然的，在其中所有的人相互之间都必须按照彼此而言是私人的自我立场来行动，以便他们能够获得自己的面包。

另一方面，与功能性综合(funktionale Synthesis)转化为理论理性，物性的社会关联转化为自然表象(Naturvorstellung)不可避免地相连的是，剥削被绝对化为自然必然性，甚至绝对化为存在的真理规范。按其起源来说，理论理性是社会综合在逻辑上的反映。这种综合是剥削的综合，是遵照居有同一性关系的综合；此外，它自身又是充满矛盾的，并借助进一步具体化,导向居有与生产之间不断增加的对立,导向社会日益严重的无政府状态。因此,就生活所必需的生产与消费之间的关联而言,剥削综合是虚假的综合。对这种关联的真正的综合只能是社会主义社会中人的实践综合;或者,按照我们的构想来看,原始水平上的社会主义,即"自然形成的共同体"中人的实践综合。但是,在理论理性的知识关系中,剥削的物性功能综合建构起了"自然"的合规律性(Gesetzmäßigkeit),而且从主体性的立场出发,**必须**表现为生产与消费的综合。由于主体性对其起源的根本盲目性,这种显现出的假象具有必然性,并不可避免地将理性及其真理概念拜物教化(Fetischisierung)。因为只有将虚假综合阐释为真实的综合,真理概念才能获得其绝对的、形而上学的意义,剥削综合的诸范畴才有了这样的含义,即掩盖剥削并伪装成它所不是的那些本质性。但是,在哲学中,那些在居有与生产之间实际规定着物性社会化的辩证法的那些矛盾,(!)就以这种方式成为了意识形态的反映,但是采取了没有出路的二律背反的形态,这些二律背反似乎是"人"、"世界"、"知识"或者"理性"所固有的。

在欧洲的发展中,相对于古典时代出现的新情况是,理性从剥削者那里转移到被剥削者那里,首先是转移到从封建的土地统治的剥削中解放出来的资产阶级那里——理性在逻辑上的形式构成(Formkonstitution)相应地发生了变化,之后,在资本主义中,又转移到了无产阶级那里。在资本主义中,雇佣劳动者是被剥削的劳动者,然而也是货币占有者、剥削者的交换伙伴与劳动力的出售者,因而是"主体"。因此,在无产阶级那里,理性在历史上获得了旨在反对剥削的基本立场,即唯物主义的立场。

与唯心主义一样,唯物主义同样是理性的阶级立场;但是,唯心主义的主题是将剥削拜物教化,而唯物主义的理性主题则是批判剥削。我们倾向于按照唯物主义知识的主题,将之界定为对剥削的理性批判。在我们看来,其批判方法的领域限于剥削的历史,也就是限于无产阶级产生的历史。关于无产阶级的阶级利益的现实性范畴只对剥削的历史有知识的价值。唯物主义方法的批判的-理性的特征的依据是,在这种方法中,理性批判应用于理性自身,运用于理性的产生和主体性的立场。由此,理性在如下意义上成为了现实:它由将陌生之物变为属人之物的手段,扩展并转化为认识异化原因并将扬弃异化转变为人的事务的手段。通过对物化的分析,唯物主义方法的应用使得上述对资产阶级的、囿于异化之中的理性的批判成为必需。同时,从这种分析中,唯物主义方法获得了经验的历史研究的批判性前提。

# 阿多诺与索恩-雷特尔谈话笔记①

（1965 年 4 月 16 日）

对于交换来说，交换抽象（Tauschabstraktion）不是附加的、理智的东西，而是其固有的、没有意识到的东西。

交换及其诸范畴的抽象性绝不会被自发地意识到，而这只能凭借货币来意识到；货币作为对交换的一种无限性的综合，陈述出了个体相互之间及其与自然之间关联的中介性的一种总体性（Totalität）。

货币是交换抽象被意识到的必要条件，因为交换抽象**显现**（in *Erscheinung* tritt）在它之中。

巴门尼德惊异于交换对象的特性，即实体；赫拉克利特惊异于交换中所发生的持续运动中的平衡，即混沌与有序的统一；毕达哥拉斯则惊异于比例关系等。

哲学按照其内在的、体系的一致性展开自身，它拥有引发自身的社会条件，其中最为重要的是为其阶级斗争而需要哲学的阶级，这个阶级

---

① 这些由阿多诺所写的谈话笔记，是我不久之前才在我的文件中重新发现的，关于这个笔记应当注意的是：在我 1965 年 4 月到法兰克福访问之前，我已将我 1964 年 9 月写就的论文草稿《历史唯物主义的知识理论纲要》（*Historic-materialist Theory of Knowledge. An Outline*，该文的德文本刊载于 Intern. Marxist. Disk. 19）寄给了他。他给文章加了边注，显然是认真阅读过了。尽管如此，我觉得应当注意的是，在写完这些极富思想性的笔记之后，他在何种程度上占有了其基本内容。如果我回忆起这些笔记，应该就能够很好地运用它们了。——A. S.-R. 1977

必须要主张自身的正当性。

但是，为何抽象是矛盾的，它强迫哲学发展？它为何导向了真理观念？在哲学意识中，存在着不是源自交换抽象的范畴吗？

争辩（Auseinandersetzung），作为哲学的生产形式（Produktionsform），作为任何哲学立场的片面性——为什么？

交换抽象，就其自身而言是矛盾的，是对立面的统一，例如实体-运动的对立；同时，阶级立场引起了每一种哲学立场的片面性和哲学发展的对立形式。使哲学之为哲学的，不在于范畴是抽象地现存着，而在于它们是问题，它们仅仅是如此现存着的——因此也在于对立性的运动形式。交换抽象自身是无问题的，因为它仅仅是在交换中作为其条件和结构而发生的。而范畴是成问题的，因为它们与传统的、惯常的意识相矛盾。它们不是种概念，而是有着与种概念相对立的特殊的抽象性，是纯粹理想性的；它们不仅与特定的神话的规范意识相矛盾，而且也恰好与经验的规范意识相矛盾。

范畴是被个别地意识到的；每一范畴都有其排斥任一其他范畴的绝对范围，但又与任一其他范畴有着共同的根源，因而不能绝对地清除其他范畴，而必然是与每一范畴相中介。这样的中介是哲学的本质内容。

交换包含有矛盾着的范畴，但交换是这些范畴的统一；只有当它们被意识到时，它们才是抽象的，并且明显是彼此矛盾着的。

价值是杂多的统一，是不同感性事物的统一，是诸多使用价值的统一。对于其所包含的矛盾来说，这是一个托辞。对真理的坚持是相互矛盾的范畴的统一，并且，这一对真理的假设迫使概念相互中介，因为中介才是真理。真理范畴是交换存在与交换范畴的概念之间的差异范畴。

取决于将交换抽象陈述为真理的可能性的有：（1）为与旧阶级相对立的新阶级辩护；（2）与手工业的单纯经验相对立的理智的自信，即科学的可能性条件。如下这两方面关系在古典时期是一致的：对生产的理论的-有组织的控制与商业阶级的统治在意识形态上的自我奠基。

但是,诸范畴之间的争辩并不是发生在其纯粹性之中,而是发生在客体(Objekt)身上。范畴的建构,即交换抽象的哲学反映,要求撇开(遗忘)它们的社会起源,撇开一般的起源。而历史唯物主义是对起源的回忆(Historischer Materialismus ist Anamnesis der Genese)。

范畴必然是与经验相矛盾的,但却主张着真理,必然与经验相中介。就其特性而言,只有它们与经验的矛盾才使得它们一般地作为范畴显现出来。只有凭借经验,它们才能以范畴的方式得到阐明。——范畴是实用的-功能性的(pragmatisch-funktionell),它们产生于人对自然——作为一种特别地被以社会的方式中介了的自然(Natur als einer spezifisch gesellschaftlich vermittelten,)——的"争辩";并且,范畴的社会功能是这种争辩中的一种功能,它们必然服务于社会的实存;范畴的根本对象是自然,它们是社会与自然相联系的形式;它们将自然理解为统一体,它们是综合的社会性的条件,是综合的社会性的范畴。

范畴同关于人与自然之间未被交换所中介的争辩的原始经验意识是相矛盾的。但范畴只有作为人与自然争辩的意识才能发挥社会的功能,因而范畴必须将自身与传统意识区分开来。——但是,这种理性思维在社会上取代魔法是必然的? 为何恰恰是凭借社会的交换中介性来揭示魔力的无效? 为何在生产所达到的效果上,交换价值的生产与原始的使用价值的生产是相反的? 是因为价值吗? 是因为人类劳动变成可测量的、可交换的、可评估的和有价值的吗? 是什么使得真理同有效性和价值有关?

最初,魔法直接地是实践的模仿(praktische Mimesis),并且作为这样的实践模仿,它始终是具有生产性效果的。当它作为仪式与生产相分离,当它获得独立并作为贵族统治的手段时,它便无效了。这样,与魔法的斗争,就涉及与贵族相对立的阶级的利益。

贵族声称要通过他们的判决甚至是在他们的实存中去实现正义。民众否认这一点,并努力反对误用正义的贵族而建立起他们自己的正义。民众所经验到的贵族的法权功能,并不是在民众的意义上有效的,因而并不是在法权的意义上有效的,他们要求法权功能的有效性(Effektivität)。正如民众吁求法权那样,理性主义的魔法-批判所吁求的是魔法-有效性本身的意义。通过诸如以下方式,魔法的无效性就可以被揭示出来:仪式虽在执行,但却不包含法权了;仪式的执行人员的成功所凭借的是非公正性;民众虽然相信魔法,但发现自己还是变穷了或是被剥夺了所有。另一方面,魔法-宗教意识通过民众的再生产因如下一点而是可能的:这个意识能够针对贵族而贯彻,建立起其本身有效的法权,并自身承担那些仪式性的功能。尽管如此,这些仪式功能并不表明具有单独引导社会的能力,并且可被批判为无效的和不真实的。

但是,为坚持反对贵族,民众并没有完全地批判魔法,而在民众的一方也上演了一种相反的魔法;而且实际上,民众在反对贵族的过程中往往会诉诸神秘的神谕,其目的在于给他们瓦解旧的、神秘的社会形式的行为以神秘的合法性。

交换中介了人与自然的关系,将自然从人与社会的关系中分离出来;它是社会性,这个社会性是与自然的关系的单纯中介,是使用价值的居有与内部消费之间关系的中介。

如果人与自然的关系是由交换来中介的,那么这种关系具有何种特征,它的主体和客体具有何种特征?交换的抽象性如何规定这种关系,它是这种关系的因素吗?对于主体来说,客体是如何表现的,客体自身又是如何表现的?这样的主体如何由交换构建(konstituiert)起来,交换抽象在其中发挥了何种作用?

独立主体的具体思想是交换抽象范畴中的思想,是关于交换的思想,是关于个体的思想。只有由此,哲学家才会有听众,哲学对于个体来说才能是可以理解的。

在交换抽象范畴中,以何种方式来思考民主政治意识?例如对政治权利、平等观念做梭伦式的量化?

平等最初是所有个人在货币面前的平等。货币使得物(Dinge)与人之间质的、人格性的差别消失了。由此，所有参与到市场中的个体都有兴趣看到，社会不是按照传统的原则，而是按照商品生产的需求组织起来的。——交换抽象包含着不是范畴的要素。交换的相互性隐含着个人之间的形式平等。平等的政治观念是政治相互性的理念。人们之间的相互性与交换中对象的相互性是相应的。对象的相互性，即相互之间的可替代性，是自然规律的基础形式，它必须将具体的使用价值从自身中清除出去。

对交换抽象做出系统全面的分析是必要的。

交换主体的朴素意识在何种程度上被交换抽象所规定，以使交换可能作为标准的关系？

# 德汉术语索引

（索引中的页码为原著页码，检索时请查本书边码）

## A

Abstraktheit 抽象性 11, 19, 21-23, 34, 50, 54, 58, 66, 68-70, 99, 221, 222, 225

Abstraktion 抽象 10, 11, 12, 14n, 15, 16, 21, 25, 27, 39, 43-45, 53, 54, 55n, 62, 65. 68, 94, 95, 97-99, 113, 207, 222

Akzidenz 偶性 51

Andere 他者 3

Antike 古典(时期) 6, 146, 147, 151, 164, 179, 180, 184, 189, 191, 208n, 210, 212, 214, 219, 223

Aprior 先天(之物) VI, 35n, 160, 161

Apriorismus 先天论 VI, 202

Arbeit 劳动 4, 5, 6, 11, 12, 16, 17, 25, 26, 29, 31, 47-49, 56, 58, 71, 74-77, 88-90, 114, 122, 129, 140-143, 148, 150, 151, 159, 162, 163, 166, 167, 175, 178, 181-183, 185, 187-189, 192-194, 196-201, 208, 212, 213, 224

著作(工作) 7, 128, 136

Arbeitskraft 劳动力 160, 162, 177, 185, 194, 208n, 219

Arbeiter 劳动者 7, 33, 75, 76, 110, 114, 117, 126, 127, 190, 191, 193, 194, 197, 208, 209, 212, 219

Arbeitsprodukt 劳动产品 5, 23, 44n, 48, 58, 73, 89, 137, 142, 182, 191, 195, 198

Arbeitsproduktion 劳动生产 5, 24

——geistige Arbeit 脑力劳动 VI, 1, 6, 22, 88, 107, 111, 145

——körperlich Arbeit 体力劳动 VI, 1, 6, 8, 22, 29, 30, 88, 96, 107, 111, 145

Ausbeutung 剥削 5，195 - 203，205，206，208n，209，210，214，216 - 220

Austausch 交换 17，18，21，23，26 - 28，32，35n，36，38，47，48，56，58，62，69，71，74，78，79，82，87，89，121，125，161，165，168，169，174 - 177，191，195n，199，210，216

Austauschbarkeitsform 可交换性形式 39 - 44，54，208

Austauschproze？交换过程 17，23，24，27，49，87，179，210，213

Austauschverhältnis 交换关系 16，26，36

Autonomie 自治（性）2，30，54n，68，90，131，159，202 - 204，219，199

Bestimmung 规定 3，26，60，66，94，132，169n，178，181

Bewusstsein 意识 10，11，19，23，24，27，38，45，58，95 - 97，99，129，134，136，139，148，157，164，175n，178，194n，222，224，225

Bürgertum 资产阶级（市民阶层）2，159，219

Bürokratenherrschaft 官僚统治 14

## D

Dasein 定在 40 - 42，51，54，137，138，141 - 143，150，160 - 163，169，170，172，174，176，178，179，195，198，201，203，205，212 - 214，216，217

Denkart 思维方式 8，56，92，93

Denken 思维（思想）2，3，5，8，9，20，21，23，25，27，28，34，45，52，55n，59，60，64 - 66，68，77，90，93，94，96，97，106，107，113 - 115，117，118，121，122，139，145，148，149，153 - 158，164，166，167，203，204，206，213 - 218，224，225

Denkabstraktion 思维抽象 10，11，12，14，28，58，59，63，67，68，98，175n

Denkform 思维形式 VI，VII，14，74，

## B

Begriff 概念 2，12，19 - 22，24，30，31，33，35n，46，48，54n，55n，56，59，61，62，64 - 66，68，75，89，93 - 100，116，119，123，125，129，133，137，139，143，148，155，157，167，170n，171n，175，181，182，187，188，202，204，205，209，216，223

Begriffsform 概念形式 1，8，33，55n，125，138，175n

Bestimmtheit 规定性 11，54，57，89，

88, 94, 95, 143, 155, 156, 178

Denkprozess 思维过程 9

Denkweise 思维方式 9, 96, 123, 127, 203, 204, 214

Dialektik 辩证法 3, 4, 5, 6, 9, 17, 29, 65, 84, 133, 137, 138, 146, 149, 150, 156, 191, 196, 200, 204, 207n, 219

Ding 物 1, 3, 4, 12, 25, 40, 41, 43, 47, 51, 64, 71, 90, 95, 100, 108, 114, 118, 133, 141 – 143, 145, 150, 160, 161, 163, 169 – 174, 181, 194n, 195 – 197, 203, 205, 210, 213, 214, 218, 223, 226

Ding an sich 自在之物 1, 2

Dualismus 二元论 2

**E**

Eigenschaft 特性 12, 20, 39, 44, 49, 51, 66, 69, 114, 116, 123, 166, 172, 173, 190, 201, 211

Eigentum 所有（制、物）18, 35, 38, 39, 40, 43, 80, 86, 88, 126, 173n, 194

Einheit 统一（体）3, 5, 6, 15, 16, 23, 34, 39, 40 – 43, 51, 74, 76, 91, 99, 100, 107, 142, 143, 146, 150, 155, 161 – 164, 196, 207n, 211, 214, 216, 222 – 224

Einheitlichkeit 统一性 23

Entfremdung（疏离）异化 90, 138, 139, 154, 217, 220

Epistemologie 认识论 VI

Erfahrung 经验 6, 91, 119, 163

Erkenntnis 知识（认识）V, VII, 6, 8, 22, 30, 33, 91, 127, 129, 131, 134, 138, 139, 141, 145, 148 – 150, 154, 159, 164, 165, 172, 180, 191, 202 – 205, 213 – 215, 217, 219, 220

Erkenntnisform 知识形式 15, 74, 204

Erkenntnisobjekt 知识客体 2

Erkenntnisproblem 知识难题 6, 7

Erkenntnistheorie 知识理论 VII, 7, 8, 14, 15, 16, 20, 29, 31, 101, 117, 125, 137, 148, 156, 215

Erkenntnissubjekt 知识主体 145, 164, 205

Erscheinung 现象 2, 3, 6, 12, 165, 175n, 221

Existenz 实存 15, 70, 143, 169, 173, 190, 224

**F**

Fetischisierung 拜物教化 137, 138, 153, 154, 219, 220

Form 形式 3, 4, 7, 9, 10, 12, 14, 16, 22, 24, 26 – 29, 36n, 39, 44, 45, 47, 48, 50, 55 – 59, 61, 62, 64, 68, 73 – 79, 84, 88, 89, 91,

118，123，138 - 144，147，150，155，160，161，164 - 166，169，173，176 - 178，180，189，190，191，193，194，198，200，206，207n，208n，210，224

Formalismus 形式主义 36，43，44，154，155

Freiheit 自由 2，3，15，100n，154，192

## G

Gebrauch 使用 17 - 23，27，30，31，36，59，61，68，71，155，162，168，210

Gebrauchshandlung 使用行为 17，19，22，28，53，69，83

Gebrauchswert 使用价值 11，16，18，23，45，46，54n，62，100，160，165，175，179，187，223，225，226

Gedanken 思想 1，2，3，18，20，36，55n，57，61，65，66，94，95，98，125，145，158，167，183，205

Gegenstand 对象 15，17，20，35n，36，51，62，68，69，118，127，143，155，158，173，176，187，226

Geld 货币 VI，12，17，23，24，34，42，43，44n，45，52，58 - 64，68 - 70，77，86，87，92 - 95，115，122，147，161 - 169，171，175n，177，180，189 - 191，195n，197，205，206，208 - 211，213，217，221，226

Geldschein 纸币 12

Gemeinwesen 共同体（公社）27，50，78，80 - 82，85，88，139，142，174，178，179，181 - 186，196，209，215，219

Geist 精神 2，3，9，29，32，67，97，122，129

Geistesarbeit 脑力劳动 1，2，7，8，14，15，16，31，74

Geistesform 精神形式 9，164

Geschichte 历史 VI，3，4，5，6，8，9，10n，16，42，55n，58，71，76，77，84，90，91，114，129，132，136，138 - 141，146，149，151，157，180，192，220

——menschliche Geschichte 人类历史 4，5

Geschichtsmaterialismus 历史唯物主义 V，7，8，10，136

Geschichtstheorie 历史理论 8

Gesellschaft 社会 VI，VII，2，4，8，12，15，18，20，24 - 26，28 - 32，43，48，50，51，58，62，63，67，69 - 71，73，76 - 81，87，89 - 91，96，116，117，126，128，139，141，143，147 - 149，154，157，159，160 - 162，164，175n，176，178，181，192，194，199 - 202，209，214，215，217，218，224 - 226

Gesellschaftsform 社会形式 9，74，
159，182

Gesellschaftstheorie 社会理论 14

Gesetz 规律（法则） 3，21，26，37n，
51，66，92，113，124，125，141，
160 – 164，177，178，182，186，
193，194，198，200，201，214

## H

Handarbeit 手工劳动 1，7，8，9，11，
14，15，16，22，29，31，34，117，
122，145，173n，

## I

Ideal 理想 3，158

Idealismus 唯心主义 20，21，32，68，
93，97，129，137，138，148，149，
153，156 – 158，163，178，202，
203，214，215，219，220

Idee 理念 4，96，138，226

Immanenz 内在性 2，3，144，151，
156，162，163

Individualität 个体性 12

## K

Kapital 资本 V，VII，2，7，31，77，
92，115，117，124 – 126，144，145，
162，163，177，180，195n

资本论 11，13，14n，16，35n，69，
137，144，165，179，215

Kapitalismus 资本主义 1，8，140，
144，148，160，161，179，186，
192，200，210，215，219

Kategorie 范畴 12，57，66，75，84，
99，100，101，116，126，155 – 157，
215，219 – 226

Kausalität 因果性，结果 6，21，24，
27，56，57，77，123，139，162，
163，198，217

Kenntnis 认识 9，13n，119，120，122

Klasse 阶级 2，78，98，100，196，
212，214，222，223

Klassengesellschaft 阶级社会 5，73，
74

Klassenherkunft 阶级起源 3

Klassenherrschaft 阶级统治 3，14，
31，203

Klassenkampf 阶级斗争 4，84，100，
222

Klassenspaltung 阶级分化 6

Konsumtion 消费 23，51，78，79，140 –
142，160，165，168 – 172，174，
176，181 – 186，195n，197 – 201，
209，218，219，225

Kopfarbeit 脑力劳动 11，14，31，34，
117，122，145，173n

Kritik 批判 1，8，15，31，33，71，
132，133，135，139，144，146，
148，152，177，178，203，220

——Kritik der politischen Ökonomie 政

治经济学批判 11，12，23，29，31，71，165，167n，179

——Kritik der reinen Vernunft 纯粹理性批判 1，29

## L

Logik 逻辑（学） 3，4，5，9，36，38，45，50，55n，69，98，117，129，137，139，155，157，215

## M

Markt 市场 12，17-19，21，22，24，50，51，56，69，70，159，162，166，168

Marxismus 马克思主义 4，9，32，100n，101，132，133，135-139，148，149

Materie 物质 6，52，53n，62，93，94，145，171，212，213

Materialismus 唯物主义 4，5，6，90，96，128，134，156，158，204，215，219，223

Materialist 唯物主义者 7，10，11，204

Mathematik 数学 1，7，30，33，88，105，107，111-113，117-120，122，124

Mechanismus 机械论（机制）47，48，116，125，127，137，159，198

Mensch(en) 人（们） 4，5，7，10，12，17，19，22-24，26，27，30，31，35，37n，43，44n，46，50，51，56，58，62，68，75，80，85，87，90，122，124，132，136-138，140-143，146，148，150，151，154，158，159，165，166，169，170，172，174-176，181-184，186，190，191，194，195n，197，198，200-203，205-207，208n，212，216-220，223-225

Menschengeschichte 人类历史 6，76，140

Menschheit 人类 4，5，67，77，129，138

Methodologie 方法论 8，9

Möglichkeit 可能性 4，6，8，15，22，30，32，39，73，84，100，137，156，158，160，161，179，223

## N

Natur 自然 4，6，9，10，11，17，22，32，35n，40，52，56，57-60，66，71，90，91，114，122-125，140-142，165，166，194n，198，201，219，221，224，225

本性 8，12，29，30，34，35n，37n，41，43，45，47，51，55n，59，61-63，114，116，117，127，140，158，162，163，174，217，218

Naturgeschichte 自然历史 4

Naturkausalität 自然因果性 5, 201

Naturerkenntnis 自然知识 6, 7, 12, 22, 29, 30, 54n, 167, 214, 215

Naturgesetz 自然规律 4, 127

Naturwissenschaft 自然科学 1, 7, 22, 30, 31, 33, 55n, 57, 66, 71, 86, 91, 92, 101, 116, 125, 127 – 129, 202

Naturwüchsigkeit 自然自发性 5

Neuzeit 现代 7, 55, 71, 92, 107, 114

Nexus 网络 VII, 58, 79, 90, 91

Notwendigkeit 必然性 4, 19, 28, 33, 42, 49, 58, 80, 121, 219

必需品 30

**O**

Objekt 客体 101, 108, 127, 139, 143, 148, 150, 151, 173, 174, 187, 195, 197, 213, 216, 223, 225

Ökonnomie 经济（学）VII, 5, 13n, 22, 24 – 26, 28, 49, 50, 61, 71, 82, 85, 125, 135

——politischer Ökonnomie 政治经济学 VII, 11, 26, 29, 31, 178, 187

**P**

Phänomen 现象 6, 7, 8, 13, 17, 19, 64, 68, 80, 105, 116, 117, 127, 141, 178, 194, 202

Philosophie 哲学 VI, VIII, 1 – 4, 13n, 30, 36n, 55n, 59, 60, 65, 88, 90, 93, 94, 96 – 101, 124, 128, 132, 136, 204, 214, 219, 222, 223, 225

die theoretische 理论哲学 10, 15

Platonismus 柏拉图主义 VI

Positivist 实证主义者 5

Postulat 假设 V, 4, 5, 10, 11, 44, 79, 93, 116, 118, 123, 135, 158, 163, 173n, 199, 209, 210

Praxis 实践 19, 61, 63, 83, 91, 105, 106, 111, 114, 119, 131 – 134, 136, 138 – 141, 150, 151, 163, 166 – 168, 170, 171, 186, 194, 199, 207, 213

prima philosophia 第一哲学 10, 132

Privateigentum 私有制（私有财产）VII, 12, 29, 31, 35, 36, 38, 68, 128, 147, 179, 192, 194

Privateigentümer 私有者 40, 45, 51, 178, 193

Produkt 产品 11, 24 – 26, 29, 47, 76, 85, 87, 139, 142, 147, 150, 159 – 161, 166, 167, 175, 176, 184, 185, 187 – 193, 196, 199, 201, 206, 207, 208n, 210, 213

Produktion 生产 5, 7, 24, 26, 28, 32, 33, 35, 47 – 49, 51, 55n, 58, 70, 74, 77, 81n, 82, 83, 85, 87, 89, 92, 100, 116, 117, 126, 140 –

144, 147, 159 - 172, 174, 176, 181 -
186, 189, 193, 195n, 196 - 201,
206, 207n, 208 - 210, 213 - 215,
217 - 219, 223, 224

Produktionsmittel 生产工具 31, 126 -
128, 160, 161, 215

Produktionspraxis 生产实践 6, 7

Produktionsverhältnis 生产关系 6,
44n, 73, 78, 110, 115, 121, 135,
141, 155, 156, 179, 191

Produktionsweise 生产方式 22, 47,
78, 80, 82, 85, 87, 123, 124,
128, 159, 161 - 163

Produktivkraft 生产力 6, 50, 74, 78,
84, 121, 126, 140, 184, 189, 196

Produzent 生产者 114 - 116, 122,
126, 142, 147, 159, 160, 183, 187 -
189, 191 - 194, 196, 197, 199, 205 -
207, 210, 211

## R

Realabstraktion 现实抽象 9, 12 - 14,
21, 25, 27, 28, 45, 58 - 60, 62 -
64, 68, 87, 94 - 96, 98, 175

Realität 实在性 2, 4, 6, 28, 43, 56,
58, 61, 62, 69, 94, 123, 140,
160, 162, 169 - 171, 212, 213
现实 36

Reflexion 反思（反映）3, 101, 143,
147, 166, 167, 169, 180, 192,
197, 200, 205, 206, 218, 223

## S

Scheidung 分离 6, 7, 11, 14 - 16, 30,
31, 34, 52, 58, 70, 74, 76, 88,
208

Selbstentfremdung 自我异化 5

Selbstfreiung 自我解放 5

Sein 存在 3, 5, 10, 11, 64, 95, 100,
124, 132 - 136, 138, 139, 144,
146, 149, 152 - 155, 158, 200,
203, 205, 215 - 218, 223

das gesellschaftliche Sein 社会存在 4,
20, 21, 67

Solipsismus 唯我论 36, 43, 44

Soziologie 社会学 VII, 49, 50

Subjekt 主体 136, 139, 143, 148 -
151, 154, 195 - 197, 202, 206, 211 -
213, 216 - 219, 225

Substanz 实体 16, 51, 52, 99, 160,
178, 206, 222

Stoff 质料 3, 6, 60 - 62, 75

Stoffwechsel 物质变换 22, 32, 58,
122, 140, 165

Synthesis 综合 VI, 20, 28, 29, 31,
32, 62, 68, 74, 89, 90, 129, 144 -
146, 148, 149, 154, 161 - 163,
175n, 176, 201 - 205, 209, 210,
215, 218, 219

——gesellschaftlicher Synthesis 社会

综合 VII, 32, 34, 39, 42, 43, 46, 48 - 50, 60, 67, 68, 73, 74, 77, 87, 89, 91, 145, 176n

——geistiger Synthesis 精神综合 VII

## T

Tausch 交换 25, 35n, 37n, 39, 40, 41, 44 - 47, 49, 63, 69, 88, 95, 99, 100, 161, 169 - 175, 178, 181, 187, 188, 190, 199, 221 - 223, 225, 226

Tauschabstraktion 交换抽象 16, 17, 19, 20, 21, 25, 28, 29, 32, 35n, 39, 47, 49 - 51, 53, 57, 66, 69 - 71, 79, 83, 89, 91, 99, 100, 194n, 214, 221 - 223, 225, 226

Tauschende 交换者 19, 27, 40, 41, 199

Tauschhandlung 交换行为 17 - 23, 25, 27, 51, 53, 57, 63, 64, 66, 68, 69, 71, 82, 116, 125, 127, 168, 170 - 173

Tauschverhältnis 交换关系 16, 35n, 39, 46, 69, 194

Tauschwert 交换价值 11, 54, 69, 70, 100n, 179

Transzendentalsubjekt 先验主体 V, VII, 145

Tun 行动 12, 19, 23, 25, 28, 46, 75, 173

## V

Verdinglichung 物化 5, 25, 54, 195, 196, 201, 203 - 205, 212, 214, 216, 220

Vergesellschaftung 社会化 14, 21, 22, 28, 31, 32, 34, 36, 39, 41 - 43, 45, 47, 49, 58, 67, 77, 89, 131, 139, 142 - 144, 146 - 152, 186, 197, 200 - 203, 205, 207n, 219

Verhältnis 关系 1, 3, 14, 35, 36, 37n, 38, 42n, 45, 46, 49, 51, 54, 66, 68, 76, 88, 97, 136, 137, 140, 141, 149, 179, 194, 199, 201, 205, 209, 210, 222

Verkehr 流通、交往 12, 121, 167, 175

Verkehrsform 流通形式、交往形式 16, 17, 37n, 38, 40, 41, 44, 45, 88, 89, 92, 175n, 176n, 177, 178

Vernunft 理性 30, 65, 163, 219

——reine Vernunft 纯粹理性 1

——theoretische Vernunft 理论理性 1, 2, 15

Verstand 知性 15, 69, 128, 129, 131, 187

——reine Verstand 纯粹知性 VI, 21, 32, 57, 66 - 68, 163

## W

Wahrheit 真理 VII, 3, 4, 5, 31, 40,

60, 65, 67, 96, 98, 100, 129, 132, 136, 139, 144, 150, 154, 156, 158, 167, 191, 203, 204, 217, 222-224

Ware 商品 11, 12, 16-19, 22-27, 32, 35, 36, 39, 40-47, 49-52, 54, 55n, 56, 57, 61-63, 69, 70, 87, 104, 122, 143, 149, 160-162, 165-173, 175-179, 185, 187, 190, 194, 195, 197, 199, 206-213, 215

Warenabstraktion 商品抽象 11-13, 14n, 15, 16, 20, 23, 36, 44, 45, 49, 56, 89

Warenanalyse 商品分析 V, VI, VII, 11, 12, 13n, 16, 29, 47, 137, 178, 179, 214

Warenaustausch 商品交换 18, 22-24, 27-29, 36, 37, 42, 45, 47, 58, 59, 62, 74, 92, 140, 159-161, 163

Warenbesitzer 商品所有者 19, 23, 24, 35, 36, 38, 39, 40, 44, 58, 91, 166

Warenform 商品形式 V, VII, 11, 25, 27, 44n, 121, 135, 142, 143, 145, 149, 152, 156, 160, 168, 175n, 177-179, 194, 208n, 210

Warenproduktion 商品生产 6, 19, 20, 22, 25, 26, 28, 31, 36, 47,

49, 58, 74, 76, 77, 84, 87, 88, 96, 118, 142, 146, 148, 161, 162, 166, 167, 174, 177, 181, 191-193, 200, 215, 216, 225

Warentausch 商品交换 5, 17, 18, 20, 31, 34, 35, 38, 39, 42, 43, 50, 52, 57, 58, 60, 66, 67, 69, 70, 79, 82, 84, 88, 89-93, 100n, 161, 164-166, 174, 175n, 176-180, 187-191, 193-195, 206

Warenverkehr 商品流通 12, 42, 84, 87, 89, 184

Warenwert 商品价值 12, 16, 24, 26, 42, 47, 89, 162, 166, 207, 213, 216

Welt 世界 3, 25, 39, 40, 41, 43, 51, 53n, 83-85, 99, 132, 150, 151, 163, 186, 189-191, 218, 219

Weltgeist 世界精神 2, 163

Wert 价值 5, 8, 15, 17, 23, 26, 29, 46-49, 69, 85, 89, 100, 128, 134, 147, 148, 150, 160-162, 167, 174-177, 187, 190, 191, 193, 198, 199, 207, 208n, 210, 223, 224

Wertabstraktion 价值抽象 11, 12, 13, 189, 207, 208

Wertform 价值形式 17, 23, 27, 49, 50, 147, 165, 195, 199, 208

Wertgesetz 价值规律 5, 198, 200,

207n, 217

Wertgröße 价值量 11, 16, 25 - 27, 52, 54

Wertsubstanz 价值实体 12, 16, 25

Wesen 本质(生物) 3, 5, 12, 16, 20, 24, 29, 30, 32, 41, 42, 46, 118, 120, 133, 136, 138, 146, 147, 151, 152, 156, 201, 205, 206, 215

Wirklichkeit 现实(性) 2, 3, 4, 35n, 40, 41, 66, 125, 131, 136, 144, 150, 151, 162, 163

Wirksamkeit 效力 VII

Wirkung 结果 21, 25 - 27, 32, 35, 43, 44, 56, 68, 70, 85, 196

Wissenschaft 科学 6, 8, 10n, 31, 100, 101, 106, 107, 115, 117, 118, 124, 127, 128, 133, 202, 223

## Z

Zusammenhang 关联(联系) VI, VII, 12, 22, 23, 27, 28, 31, 43, 48, 49, 54, 55n, 118, 121, 125, 126, 134, 141 - 143, 156, 165, 167, 170, 172, 177, 178, 182 - 186, 194n, 198, 200, 214, 218, 221

# 人名索引

（索引中的页码为原著页码，检索时请查本书边码）

## A

Adam Smith 亚当·斯密 29
Ahmes 阿默士 119
Albrecht Dürer 阿尔布雷希特·丢勒 104, 108, 112, 113
Apollonius 阿波罗尼奥斯 122
Archimedes 阿基米德 122
Aristoteles 亚里士多德 90, 92, 98
Aurista 奥利斯塔 110

## B

B. L. Whorf 沃尔夫 97
Benedetti 贝内代蒂 115
Berkeley 贝克莱 61
Bernhard Hessen 伯哈德·海森 55n
Bertrand Russell 伯兰特·罗素 53n
Botticelli 波提切利 105
Bramante 布拉曼特 113

Bruno Snell 布鲁诺·斯涅耳 97

## C

Cardano 卡达诺 115
Cosimo de Medici 科西莫·德·美第奇 103
Cosimo Ⅰ. 科西莫一世 110
Cusanus 库萨 105

## D

D. E. Smith D. E. 史密斯 120
Demokrit 德谟克利特 55n
Descartes 笛卡尔 111
Donatello 多那太罗 104, 105

## E

E. Sapir 萨丕尔 97
Edward Ⅲ. 爱德华三世 103
Eratosthenes 伊拉特斯提尼斯 122

Ernst Cassirer 恩斯特·卡西尔 V, 66, 115-117, 125, 127, 128

Euklid 欧几里德 122

## F

Federigo da Montefeltro 费代理戈·达蒙泰费尔特罗 112, 113

Ferrari 费拉里 115

Feuerbach 费尔巴哈 VII

Fichte 费希特 2

Filippo Brunelleschi 菲利波·布鲁内莱斯基 104-107, 109, 111

Flavio Biondo 弗拉维奥·比翁多 110

Francesco di Giorgio Martini 弗朗切斯科·迪乔治·马丁尼 111-113

Franz Ⅰ. 弗朗西斯一世 113

Franz Borkenau 弗朗西斯·博克瑙 55n

Friedrich Engels 弗里德里希·恩格斯 53n, 85, 87, 122, 177, 179

Fredrich Ⅱ. 弗里德里希二世 102

Fromm 弗洛姆 37n

## G

Galvano della Volpe 加尔瓦诺·德拉沃尔佩 4n

Galilei 伽利略 106, 112, 115, 124

George Thomson 乔治·汤普森 36n, 87, 90

Georg Lukács 乔治·卢卡奇 157

## H

Heath 希恩 120

Hegel 黑格尔 VII, 1, 2, 3, 4, 6, 7, 9, 20, 21, 52, 66, 144, 156, 164, 204

Henryk Großmann 亨里克·格罗斯曼 55n

Heraklit 赫拉克利特 11

Herodot 希罗多德 118

Heron 埃龙 122

Hölderlin 荷尔德林 2

Horkheimer 霍克海默 84, 145

Hume 休谟 30, 61

## J

Jakob Burckhardt 雅克布·布克哈特 108

Joseph Needham 约瑟夫·尼德姆 120

Jürgen Habermas 尤尔根·哈贝马斯 13, 14

## K

Kant 康德 V, VII, 1, 2, 3, 6, 22, 29, 30, 32-34, 37n, 66, 71, 123, 144, 156, 163, 204

Kepler 开普勒 115

Kopernikus 哥白尼 115

Kugelmann 库格尔曼 24, 48n

## L

Lewis Morgan 刘易斯·摩根 84
Leon Battista Alberti 莱诺·巴蒂斯塔·阿尔贝蒂 104, 107-109, 111, 113
Leonardo da Vinci 莱昂纳多·达芬奇 105, 111, 113, 115
Lorenzo de Medici 洛伦佐·德·美第奇 112
Lorenzo Ghiberti 洛伦佐·吉贝尔蒂 104, 105, 108
Louis Althusser 路易·阿尔都塞 13
Luca della Robbia 卢卡·德拉·罗比亚 104, 108
Luca Pacioli 卢卡·帕乔利 111, 113

## M

M. Cantor M. 康托 120
Malinowski 马林诺夫斯基 97
Mantegna 曼特尼亚 113
Marcel Mauss 马塞尔·莫斯 79, 80, 175n
Marcuse 马尔库塞 37n
Martin Heidegger 马丁·海德格尔 96, 98
Marx 马克思 V, 3, 4, 5, 6, 9, 10, 11, 14, 15, 17, 18, 22, 25, 27, 29, 30, 36n, 48n, 50, 60, 62, 68, 69n, 71, 77, 78, 82, 84, 85, 100n, 116, 122, 126, 140, 141, 144, 161, 165, 167n, 177-179, 181, 187, 193, 194, 206, 208
Masaccio 马萨乔 104
Max Weber 马克斯·韦伯 100n, 102
Michelagelo 米凯兰杰拉 105
Michelozzo 米凯洛佐 104, 113
Michael Wolff 迈克尔·沃尔夫 114

## N

Napoleon 拿破仑 2
Newton 牛顿 55, 124
Nietzsche 尼采 34

## O

Olschki 奥勒斯吉 111

## P

Paolo Toscanelli 保罗·托斯卡内利 105, 106, 108
Paolo Uccello 保罗·乌切洛 104, 105
Parmenides 巴门尼德 11, 93, 95, 96, 98, 99, 222
Piero de Medici 皮耶罗·德·美第奇 110
Piero della Francesca 皮耶罗·德拉·弗兰切斯卡 104, 111, 113
Plato 柏拉图 122
Platon 普拉东(普拉顿) 92, 93

Podestà 波德斯塔 102

Poggio 波焦 110

Pythagoras 毕达哥拉斯 11，118，222

## R

R. J. Forbes R. J. 福尔贝斯 81

Regiomontanus 雷吉奥蒙塔努斯 105

Reichelt 赖歇尔特 17

Ricardo 李嘉图 29

Rosa Luxemburg 罗莎·卢森堡 179

Rosdolsky 罗斯各尔斯基 17

## S

Schelling 谢林 2

St. Paul 圣保罗 106

Stephen F. Mason 史蒂芬·F. 梅森（马松）55n

## T

Tartaglia 塔尔塔利亚 115

Th. W. Adorno 特奥多·W. 阿多诺 V，84，99，100n，101，128，131，144-146，175n，221

Thales 泰勒斯 90，118，121，171

## V

Vilfredo Pareto 维尔弗雷多·帕累托 69n

## W

W. Reich W. 赖希（赖克）37n

Walter Benjamin 瓦尔特·本雅明 VI，128，145，150，153n，175n，194n，196n

Wilhelm Windelband 威廉·文德尔班 203

## Z

Zenon 芝诺 54

# 《当代学术棱镜译丛》
# 已出书目

## 媒介文化系列

第二媒介时代 [美]马克·波斯特
电视与社会 [英]尼古拉斯·阿伯克龙比
思想无羁 [美]保罗·莱文森
媒介建构：流行文化中的大众媒介 [美]劳伦斯·格罗斯伯格 等
揣测与媒介：媒介现象学 [德]鲍里斯·格罗伊斯
媒介学宣言 [法]雷吉斯·德布雷
媒介研究批评术语集 [美]W. J. T. 米歇尔　马克·B. N. 汉森
解码广告：广告的意识形态与含义 [英]朱迪斯·威廉森

## 全球文化系列

认同的空间——全球媒介、电子世界景观与文化边界 [英]戴维·莫利
全球化的文化 [美]弗雷德里克·杰姆逊　三好将夫
全球化与文化 [英]约翰·汤姆林森
后现代转向 [美]斯蒂芬·贝斯特　道格拉斯·科尔纳
文化地理学 [英]迈克·克朗
文化的观念 [英]特瑞·伊格尔顿
主体的退隐 [德]彼得·毕尔格
反"日语论" [日]莲实重彦
酷的征服——商业文化、反主流文化与嬉皮消费主义的兴起 [美]托马斯·弗兰克
超越文化转向 [美]理查德·比尔纳其 等
全球现代性：全球资本主义时代的现代性 [美]阿里夫·德里克
文化政策 [澳]托比·米勒　[美]乔治·尤迪思

## 通俗文化系列

解读大众文化 [美]约翰·菲斯克
文化理论与通俗文化导论(第二版) [英]约翰·斯道雷
通俗文化、媒介和日常生活中的叙事 [美]阿瑟·阿萨·伯格
文化民粹主义 [英]吉姆·麦克盖根
詹姆斯·邦德:时代精神的特工 [德]维尔纳·格雷夫

## 消费文化系列

消费社会 [法]让·鲍德里亚
消费文化——20世纪后期英国男性气质和社会空间 [英]弗兰克·莫特
消费文化 [英]西莉娅·卢瑞

## 大师精粹系列

麦克卢汉精粹 [加]埃里克·麦克卢汉 弗兰克·秦格龙
卡尔·曼海姆精粹 [德]卡尔·曼海姆
沃勒斯坦精粹 [美]伊曼纽尔·沃勒斯坦
哈贝马斯精粹 [德]尤尔根·哈贝马斯
赫斯精粹 [德]莫泽斯·赫斯
九鬼周造著作精粹 [日]九鬼周造

## 社会学系列

孤独的人群 [美]大卫·理斯曼
世界风险社会 [德]乌尔里希·贝克
权力精英 [美]查尔斯·赖特·米尔斯
科学的社会用途——写给科学场的临床社会学 [法]皮埃尔·布尔迪厄
文化社会学——浮现中的理论视野 [美]戴安娜·克兰
白领:美国的中产阶级 [美]C.莱特·米尔斯
论文明、权力与知识 [德]诺贝特·埃利亚斯
解析社会:分析社会学原理 [瑞典]彼得·赫斯特洛姆

局外人:越轨的社会学研究 [美]霍华德·S.贝克尔

社会的构建 [美]爱德华·希尔斯

多元现代性 周宪 [德]比约恩·阿尔珀曼 [德]格尔哈德·普耶尔

## 新学科系列

后殖民理论——语境 实践 政治 [英]巴特·穆尔-吉尔伯特

趣味社会学 [芬]尤卡·格罗瑙

跨越边界——知识学科 学科互涉 [美]朱丽·汤普森·克莱恩

人文地理学导论:21世纪的议题 [英]彼得·丹尼尔斯 等

文化学研究导论:理论基础·方法思路·研究视角 [德]安斯加·纽宁 [德]维拉·纽宁主编

## 世纪学术论争系列

"索卡尔事件"与科学大战 [美]艾伦·索卡尔 [法]雅克·德里达 等

沙滩上的房子 [美]诺里塔·克瑞杰

被困的普罗米修斯 [美]诺曼·列维特

科学知识:一种社会学的分析 [英]巴里·巴恩斯 大卫·布鲁尔 约翰·亨利

实践的冲撞——时间、力量与科学 [美]安德鲁·皮克林

爱因斯坦、历史与其他激情——20世纪末对科学的反叛 [美]杰拉尔德·霍尔顿

真理的代价:金钱如何影响科学规范 [美]戴维·雷斯尼克

科学的转型:有关"跨时代断裂论题"的争论 [德]艾尔弗拉德·诺德曼 [荷]汉斯·拉德 [德]格雷戈·希尔曼

## 广松哲学系列

物象化论的构图 [日]广松涉

事的世界观的前哨 [日]广松涉

文献学语境中的《德意志意识形态》 [日]广松涉

存在与意义(第一卷) [日]广松涉

存在与意义(第二卷) [日]广松涉

唯物史观的原像 [日]广松涉
哲学家广松涉的自白式回忆录 [日]广松涉
资本论的哲学 [日]广松涉
马克思主义的哲学 [日]广松涉
世界交互主体的存在结构 [日]广松涉

## 国外马克思主义与后马克思思潮系列

图绘意识形态 [斯洛文尼亚]斯拉沃热·齐泽克 等
自然的理由——生态学马克思主义研究 [美]詹姆斯·奥康纳
希望的空间 [美]大卫·哈维
甜蜜的暴力——悲剧的观念 [英]特里·伊格尔顿
晚期马克思主义 [美]弗雷德里克·杰姆逊
符号政治经济学批判 [法]让·鲍德里亚
世纪 [法]阿兰·巴迪欧
列宁、黑格尔和西方马克思主义：一种批判性研究 [美]凯文·安德森
列宁主义 [英]尼尔·哈丁
福柯、马克思主义与历史：生产方式与信息方式 [美]马克·波斯特
战后法国的存在主义马克思主义：从萨特到阿尔都塞 [美]马克·波斯特
反映 [德]汉斯·海因茨·霍尔茨
为什么是阿甘本？ [英]亚历克斯·默里
未来思想导论：关于马克思和海德格尔 [法]科斯塔斯·阿克塞洛斯
无尽的焦虑之梦：梦的记录(1941—1967) 附《一桩两人共谋的凶杀案》(1985) [法]路易·阿尔都塞
马克思：技术思想家——从人的异化到征服世界 [法]科斯塔斯·阿克塞洛斯

## 经典补遗系列

卢卡奇早期文选 [匈]格奥尔格·卢卡奇
胡塞尔《几何学的起源》引论 [法]雅克·德里达
黑格尔的幽灵——政治哲学论文集[Ⅰ] [法]路易·阿尔都塞
语言与生命 [法]沙尔·巴依

意识的奥秘 [美]约翰·塞尔
论现象学流派 [法]保罗·利科
脑力劳动与体力劳动:西方历史的认识论 [德]阿尔弗雷德·索恩-雷特尔
黑格尔 [德]马丁·海德格尔
黑格尔的精神现象学 [德]马丁·海德格尔
生产运动:从历史统计学方面论国家和社会的一种新科学的基础的建立 [德]弗里德里希·威廉·舒尔茨

## 先锋派系列

先锋派散论——现代主义、表现主义和后现代性问题 [英]理查德·墨菲
诗歌的先锋派:博尔赫斯、奥登和布列东团体 [美]贝雷泰·E. 斯特朗

## 情境主义国际系列

日常生活实践 1. 实践的艺术 [法]米歇尔·德·塞托
日常生活实践 2. 居住与烹饪 [法]米歇尔·德·塞托 吕斯·贾尔 皮埃尔·梅约尔
日常生活的革命 [法]鲁尔·瓦纳格姆
居伊·德波——诗歌革命 [法]樊尚·考夫曼
景观社会 [法]居伊·德波

## 当代文学理论系列

怎样做理论 [德]沃尔夫冈·伊瑟尔
21 世纪批评述介 [英]朱利安·沃尔弗雷斯
后现代主义诗学:历史·理论·小说 [加]琳达·哈琴
大分野之后:现代主义、大众文化、后现代主义 [美]安德列亚斯·胡伊森
理论的幽灵:文学与常识 [法]安托万·孔帕尼翁
反抗的文化:拒绝表征 [美]贝尔·胡克斯
戏仿:古代、现代与后现代 [英]玛格丽特·A. 罗斯
理论入门 [英]彼得·巴里
现代主义 [英]蒂姆·阿姆斯特朗

叙事的本质 [美]罗伯特·斯科尔斯　詹姆斯·费伦　罗伯特·凯洛格
文学制度 [美]杰弗里·J.威廉斯
新批评之后 [美]弗兰克·伦特里奇亚
文学批评史：从柏拉图到现在 [美]M.A.R.哈比布
德国浪漫主义文学理论 [美]恩斯特·贝勒尔
萌在他乡：米勒中国演讲集 [美]J.希利斯·米勒
文学的类别：文类和模态理论导论 [英]阿拉斯泰尔·福勒
思想絮语：文学批评自选集（1958—2002） [英]弗兰克·克默德
叙事的虚构性：有关历史、文学和理论的论文（1957—2007） [美]海登·怀特
21世纪的文学批评：理论的复兴 [美]文森特·B.里奇

## 核心概念系列

文化 [英]弗雷德·英格利斯
风险 [澳大利亚]狄波拉·勒普顿

## 学术研究指南系列

美学指南 [美]彼得·基维
文化研究指南 [美]托比·米勒
文化社会学指南 [美]马克·D.雅各布斯　南希·韦斯·汉拉恩
艺术理论指南 [英]保罗·史密斯　卡罗琳·瓦尔德

## 《德意志意识形态》与文献学系列

梁赞诺夫版《德意志意识形态·费尔巴哈》 [苏]大卫·鲍里索维奇·梁赞诺夫
《德意志意识形态》与MEGA文献研究 [韩]郑文吉
巴加图利亚版《德意志意识形态·费尔巴哈》 [俄]巴加图利亚
MEGA：陶伯特版《德意志意识形态·费尔巴哈》 [德]英格·陶伯特

## 当代美学理论系列

今日艺术理论 [美]诺埃尔·卡罗尔

艺术与社会理论——美学中的社会学论争　[英]奥斯汀·哈灵顿
艺术哲学：当代分析美学导论　[美]诺埃尔·卡罗尔
美的六种命名　[美]克里斯平·萨特韦尔
文化的政治及其他　[英]罗杰·斯克鲁顿
当代意大利美学精粹　周宪　[意]蒂齐亚娜·安迪娜

## 现代日本学术系列

带你踏上知识之旅　[日]中村雄二郎　山口昌男
反·哲学入门　[日]高桥哲哉
作为事件的阅读　[日]小森阳一
超越民族与历史　[日]小森阳一　高桥哲哉

## 现代思想史系列

现代主义的先驱：20世纪思潮里的群英谱　[美]威廉·R.埃弗德尔
现代哲学简史　[英]罗杰·斯克拉顿
美国人对哲学的逃避：实用主义的谱系　[美]康乃尔·韦斯特
时空文化：1880—1918　[美]斯蒂芬·科恩

## 视觉文化与艺术史系列

可见的签名　[美]弗雷德里克·詹姆逊
摄影与电影　[英]戴维·卡帕尼
艺术史向导　[意]朱利奥·卡洛·阿尔甘　毛里齐奥·法焦洛
电影的虚拟生命　[美]D. N.罗德维克
绘画中的世界观　[美]迈耶·夏皮罗
缪斯之艺：泛美学研究　[美]丹尼尔·奥尔布赖特
视觉艺术的现象学　[英]保罗·克劳瑟
总体屏幕：从电影到智能手机　[法]吉尔·利波维茨基　[法]让·塞鲁瓦
艺术史批评术语　[美]罗伯特·S.纳尔逊　[美]理查德·希夫
设计美学　[加拿大]简·福希

工艺理论：功能和美学表达 ［美］霍华德·里萨蒂
艺术并非你想的那样 ［美］唐纳德·普雷齐奥西 ［美］克莱尔·法拉戈
艺术批评入门：历史、策略与声音 ［美］克尔·休斯顿
艺术史：研究方法批判导论 ［英］迈克尔·哈特 ［德］夏洛特·克朗克
十月：第二个十年，1986—1996 ［美］罗莎琳·克劳斯 ［美］安妮特·米切尔森 ［美］伊夫-阿兰·博瓦 等

## 当代逻辑理论与应用研究系列

重塑实在论：关于因果、目的和心智的精密理论 ［美］罗伯特·C.孔斯
情境与态度 ［美］乔恩·巴威斯 约翰·佩里
逻辑与社会：矛盾与可能世界 ［美］乔恩·埃尔斯特
指称与意向性 ［挪威］奥拉夫·阿斯海姆
说谎者悖论：真与循环 ［美］乔恩·巴威斯 约翰·埃切曼迪

## 波兰尼意会哲学系列

认知与存在：迈克尔·波兰尼文集 ［英］迈克尔·波兰尼
科学、信仰与社会 ［英］迈克尔·波兰尼

## 现象学系列

伦理与无限：与菲利普·尼莫的对话 ［法］伊曼努尔·列维纳斯

## 新马克思阅读系列

政治经济学批判：马克思《资本论》导论 ［德］米夏埃尔·海因里希
批判理论与政治经济学批判：颠倒与否定理性 ［英］维尔纳·博内菲尔德

## 西蒙东思想系列

论技术物的存在模式 ［法］吉尔贝·西蒙东

## 列斐伏尔研究系列

马克思主义思想与城市 ［法］亨利·列斐伏尔